Dr Pierre Dukan

Fotografie: Bernard Radvaner
Stylizacja: Anne-Sophie Lhomme

Metoda doktora DUKANA

Tłumaczenie: Eliza Kasprzak-Kozikowska

Wydawnictwo Otwarte • Kraków 2009

Spis treści

Faza 2: równomierny rytm

Faza 3: utrwalanie wagi

Faza 4: ostateczna stabilizacja

Przystawki i przekąski

Dania główne

Desery

Wprowadzenie

Jestem lekarzem od ponad 35 lat i odkąd zacząłem praktykować, każdego dnia walczę z nadwagą pacjentów. Tę walkę rozpocząłem samotnie, a swoją metodę odchudzania stworzyłem od podstaw, wykorzystując doświadczenie zdobyte w codziennych spotkaniach z pacjentami.
Jako młody lekarz opracowałem dietę opartą na proteinach. Z biegiem lat udoskonaliłem ją, dostosowując do potrzeb i sugestii pacjentów. Wymyślona przeze mnie kuracja przekształciła się z czasem w kompleksowy plan odchudzania, opublikowany w 2001 roku w książce pod tytułem *Nie potrafię schudnąć.* Od dnia wydania książkę przeczytało już ponad milion osób w ponad 20 krajach, co jest dla mnie wspaniałą nagrodą za lata pracy – najlepszą, jaką mogłem sobie wyobrazić. Niestety, nie wiem, ilu czytelników książki *Nie potrafię schudnąć* zastosowało proponowaną przeze mnie kurację ani też ilu tych, którzy rozpoczęli dietę, osiągnęło upragnioną wagę, ilu ją utrzymało, a przede wszystkim ilu nigdy już nie przytyło.
Wiem jednak, że każdego dnia otrzymuję miłe listy od osób, które skorzystały z moich wskazówek oraz opisanej w książce metody odchudzania i za punkt honoru stawiają sobie przekazanie jej innym. Moja dieta zyskała popularność wyłącznie dzięki temu, że ludzie polecali ją sobie, przekazywali informacje o niej z ust do ust. Zdaję sobie sprawę, że moja metoda nie należy już tylko do mnie, lecz do wszystkich, którzy ją stosują i propagują.
Kim oni są? To głównie kobiety zorganizowane i skupione w globalnej sieci internetowej. Obecnie działa ponad 250 stron internetowych, forów i blogów, na których kobiety otwarcie lub anonimowo dzielą się swoimi doświadczeniami z walki o uzyskanie upragnionej wagi dzięki zastosowaniu mojej diety. To właśnie one nazwały opracowaną przeze mnie metodę moim nazwiskiem. Sam nigdy nie ośmieliłbym się tego zrobić.

Książka ta skierowana jest do wszystkich, którzy pragną schudnąć, ale nie wiedzą, jak to zrobić i którą z wielu istniejących kuracji wybrać. Naliczyłem, że od lat 50. XX w. pojawiło się 210 różnego rodzaju diet, z czego 72 doczekały się publikacji. Z wszystkich tych diet zaledwie 15 tworzy spójny program, a tylko 7 to kompleksowe plany odchudzania:
• diety niskokaloryczne – najstarsze i teoretycznie logiczne, jednak w praktyce najmniej skuteczne;

• dieta Atkinsa – rewolucyjna i skuteczna, ale proponowane przez jej twórcę potrawy zawierają dużo tłuszczu i cholesterolu;
• dieta Montignaca – młodszy brat diety Atkinsa ze wszystkimi jej zaletami i wadami;
• dieta Strażników Wagi – bardzo nowatorska metoda (spotkania w grupach), ale nieskuteczna, bo oparta na kuracji niskokalorycznej;
• dieta South Beach – dobra kuracja, ale nie gwarantuje prawdziwej stabilizacji uzyskanych rezultatów;
• dieta oparta na proteinach w proszku – najlepiej sprzedająca się na świecie dieta i najbardziej nienaturalna, prawdziwa bomba z opóźnionym zapłonem, bo prowadzi do ponownego, jeszcze większego i trwałego przybrania na wadze;
• metoda proponowana przeze mnie.

Trudno mi to napisać, tak bardzo nieskromne może się to wydawać, ale jestem przekonany, że ze wszystkich wymienionych propozycji metoda odchudzania opracowana przeze mnie jest najlepsza. Dlaczego? Moja dieta jest prosta, skuteczna, pozwala szybko schudnąć, a jej rezultaty są trwałe. To dieta naturalna, oparta na liście 100 produktów, które można spożywać w dowolnych ilościach, łatwo się jej przestrzega i działa ona kompleksowo na wszystkie partie ciała. Sądzę, że ta metoda jest najlepszym znanym obecnie sposobem, aby schudnąć i przede wszystkim ponownie nie utyć.

Walczę o to, by opracowana przeze mnie kuracja odchudzająca stała się ważnym elementem wojny z nadwagą na całym świecie. Drogie Czytelniczki, drodzy Czytelnicy, sami osądźcie, czy moja metoda jest skuteczna. Znajdziecie tu plan diety, propozycję ćwiczeń fizycznych i przepisy, które pomogą wam urozmaicać posiłki w trakcie kuracji. Przepisy wnoszą niezbędny w każdej skutecznej diecie element przyjemności, bo bez odrobiny przyjemności walka z nadwagą jest tylko przykrym narzucaniem sobie przeróżnych ograniczeń.

Ruszajcie na wojnę ze zbędnymi kilogramami, pamiętając o 3 optymistycznych hasłach: w dowolnych ilościach, szybkość i … smakołyki. Przekonałem was? Pozwólcie się poprowadzić. Wskazówka na wadze już drży!

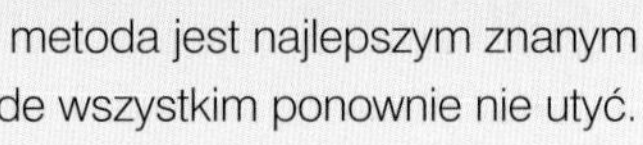

Metoda
o udowodnionej skuteczności

Jaka grupa niskokalorycznych pokarmów da organizmowi poczucie sytości, nie obciążając go? Białka.

Historia mojej diety

Wszystko się zaczęło, kiedy pracowałem jako internista w dzielnicy Montparnasse. Jeden z moich pacjentów był otyły. Wydawało się, że tusza mu nie przeszkadza, że pogodził się ze swoją nadwagą, jednak pewnego dnia przyszedł do mnie z prośbą, bym pomógł mu schudnąć. Odpowiedziałem, że nie jestem specjalistą w tej dziedzinie. Odparł, że dobrze zna specjalistów, których mam na myśli, i przetestował na sobie wszystkie dostępne diety, ale nigdy nie udało mu się schudnąć i utrzymać nowej wagi.

– Od kiedy byłem nastolatkiem, zdążyłem już stracić 300 kilo i, jak pan widzi, na nowo je odzyskać – powiedział, a w jego głosie słychać było całkowite zniechęcenie. – Będę drobiazgowo przestrzegał pańskich zaleceń, zrobię wszystko, co pan mi każe, poza jednym: proszę nie usuwać z mojej diety mięsa, za bardzo lubię mięso!

Nie zastanawiając się długo, odparłem:
– No dobrze, niech pan w takim razie przez 5 dni je tylko i wyłącznie mięso, w dowolnych ilościach.

Niecały tydzień później pacjent pojawił się w moim gabinecie z radosnym uśmiechem na twarzy. Stracił prawie 5 kilogramów!

Wspólnie postanowiliśmy kontynuować doświadczenie. Zaleciłem mu jednak, by pił dużo płynów i zrobił badania krwi, bo bałem się, że podniesie mu się poziom cholesterolu. Po tygodniu wrócił, wyniki badań miał znakomite, a do tego zgubił kolejne 2 kilogramy…

Dzięki temu pacjentowi zainteresowałem się poważnie dietetyką i zająłem się badaniem korzystnego wpływu białek na proces utraty wagi. Po 20 dniach stosowania diety stracił prawie 10 kilogramów, ale mięso zaczęło mu się nudzić. Wprowadziliśmy więc do jego menu trochę warzyw, mleko i produkty mleczne, jajka i ryby.

Wciąż nie nakładałem na pacjenta żadnych ograniczeń ilościowych. Doceniał tę wolność, cieszył się nią i chętnie przestrzegał moich wskazówek: jeść wyłącznie produkty białkowe oraz niektóre warzywa.

Minęły lata i, jak zobaczycie na kolejnych stronach tej książki, udoskonaliłem zastosowaną wówczas metodę, głównie dzięki sugestiom moich pacjentów. Zebrałem również wiele prostych i praktycznych przepisów na potrawy dietetyczne, ale podstawa kuracji pozostała ta sama: szybka i trwała utrata wagi jest możliwa dzięki białkom zwierzęcym, i to bez ograniczeń ilościowych.

Internet bardzo ułatwił mi kontakt z pacjentami i pracę nad udoskonalaniem diety. Rozmawiam z osobami pragnącymi schudnąć, wymieniam uwagi z pacjentami będącymi w różnych fazach diety. Osoby, które wchodzą na moją stronę, dzielą się ze mną swoimi obserwacjami, moje pomysły mieszają się z ich sugestiami, do opracowanych przeze mnie przepisów dochodzą może mniej profesjonalne, ale równie kreatywne przepisy kobiet i mężczyzn wypowiadających się na różnych forach poświęconych mojej diecie. Pracujemy razem, by osiągnąć wspólny cel: schudnąć, nie rezygnując z przyjemności jedzenia!
Wszyscy internauci wypowiadający się na portalach – od Zerocomplexe przez Club-Regime po Regimefacile – dołożyli swoją cegiełkę do tego dzieła. Nie jestem więc jedynym autorem diety dr. Dukana, moi pacjenci tworzą ją i nieustannie udoskonalają!

Książka ta jest więc wynikiem wielu lat doświadczeń, badań, testów i innowacji, z których wyników możecie dziś skorzystać. Jeśli tak jak mój pierwszy pacjent będziecie przestrzegać dokładnie wszystkich opisanych dalej zaleceń, na pewno szybko schudniecie. Nie potrzebujecie skomplikowanego sprzętu sportowego, wystarczy zwykła waga łazienkowa. Nie musicie liczyć kalorii, ważyć posiłków i korzystać z tabel pełnych niezrozumiałych danych liczbowych. Przyswojenie zasad, na których opierają się kolejne fazy diety, jest niezwykle proste! Musicie zapamiętać tylko dwie lub trzy wskazówki. Poza tym wszystko jest dozwolone.

Zanim jednak przejdziemy do zasad, na których opiera się moja dieta, warto opisać krótko trzy podstawowe składniki odżywcze, abyście nie popełnili błędu, wybierając komponenty waszych posiłków.

Węglowodany, tłuszcze, białka

Wszystkie pokarmy, które spożywamy, składają się tylko z 3 składników odżywczych: węglowodanów, tłuszczów i białek. Każdy z tych 3 składników ma inną liczbę kalorii, jednak dzisiaj wiemy już, że nie należy oceniać posiłku wyłącznie na podstawie jego wartości kalorycznej. Organizm bowiem inaczej traktuje 100 kalorii dostarczonych przez ciastko czekoladowe, rybę albo sos winegret. Dlatego warto dobrze poznać te 3 składniki odżywcze, aby stosując dietę, którą wkrótce razem rozpoczniemy, dokonywać właściwych wyborów.

Węglowodany

Węglowodany nazywane są także cukrami – prostymi lub złożonymi. Cukry proste znajdujemy w produktach o słodkim smaku: cukierkach, ciastach, winie, miodzie, owocach. Każdy wie, że nie pomagają w odchudzaniu... Cukry złożone występują w takich produktach, jak chleb czy makaron, ale także w warzywach strączkowych, jak soczewica czy fasola. Cukry złożone są o wiele wolniej przyswajane przez organizm niż cukry proste, które niedługo po przyswojeniu wywołują mocne uczucie głodu. Jeśli chodzi o metabolizm, cukry proste powodują wydzielanie insuliny sprzyjającej produkowaniu i odkładaniu tłuszczu. 1 gram węglowodanów dostarcza tylko 4 kalorii, ale zazwyczaj spożywamy cukry w dużych ilościach, inaczej nie zaspokoją uczucia głodu. Program mojej diety wyklucza jakiekolwiek spożycie węglowodanów – aż do uzyskania upragnionej wagi. Wprowadzone zostaną dopiero na etapie utrwalania uzyskanej wagi (faza 3), ale będziecie mogli spożywać je do woli przez 6 dni w tygodniu dopiero w fazie stabilizacji wagi (faza 4).

Tłuszcze

Doskonale znają je wszyscy stosujący diety odchudzające i starają się ich unikać, są one bowiem największym wrogiem smukłej sylwetki. 1 gram tłuszczu dostarcza organizmowi aż 9 kalorii. Tłuszcze są praktycznie całkowicie wykluczone z naszej diety. Rozróżniamy tłuszcze pochodzenia zwierzęcego i roślinnego. Bardzo dużo tłuszczu zwierzęcego zawierają wędliny, baranina czy jagnięcina. Bogate w tłuszcz są także niektóre ryby i drób, np. tuńczyk, łosoś, kaczka, gęś... Masło i śmietana zwierają ponad 80% tłuszczu.
Tłuszcze roślinne, takie jak oliwa z oliwek czy olej rzepakowy, choć ważne dla zdrowia (są bardzo bogate w kwasy omega, a więc dobre dla serca), będą całkowicie zakazane w trakcie tej kuracji odchudzającej.

Białka

Głównym źródłem białka są produkty pochodzenia zwierzęcego. Niezwykle bogate w proteiny jest przede wszystkim mięso. Niektóre produkty są prawie całkowicie pozbawione tłuszczu, a przez to niezwykle pożądane w diecie. Są to np. chude kawałki wołowiny, mięso indyka, niektóre podroby, białe ryby, krewetki, kraby... Najcenniejszym źródłem protein są białka jaj, które, co ważne, nie zawierają cholesterolu. Białka mogą być podstawą nieskończonej liczby przepisów na pyszne i sycące dania.

Zboża i rośliny strączkowe także zawierają duże ilości białka, ale są zbyt bogate w węglowodany. Dlatego nie włączymy ich do menu w trakcie diety. W pierwszej, uderzeniowej fazie kuracji wasze posiłki będą się składały tylko i wyłącznie z produktów wysokobiałkowych.

Proteiny – niezbędne do życia

Spożywanie tylko i wyłącznie białek nie jest niebezpieczne dla zdrowia. Wręcz przeciwnie – proteiny są jedynym składnikiem odżywczym, którego ludzki organizm nie potrafi sam wyprodukować. Cukry i tłuszcze niezbędne do uzyskania energii życiowej organizm może czerpać ze swych zapasów. Ale nie jest w stanie syntetyzować białek i dlatego dieta pozbawiona tego składnika może się okazać bardzo niebezpieczna. W razie niedoboru protein organizm będzie czerpał niezbędne do przeżycia białka z własnych mięśni, skóry, a nawet kości. W ramach diety powinniśmy dostarczać organizmowi nie mniej niż 1 gram białek dziennie na każdy kilogram masy ciała, a dawka ta powinna zostać równomiernie rożdzielona na 3 posiłki.

Zalety białek poparte dowodami naukowymi

Czyste proteiny zmniejszają apetyt

Trawienie białek jest dla naszego organizmu trudne i długotrwałe, dlatego doskonale zaspokajają one głód. Co więcej, duże spożycie czystych protein powoduje wydzielanie przez organizm ciał ketonowych, które zapewniają trwałe poczucie sytości. Po trzech dniach spożywania czystych protein uczucie głodu zanika całkowicie. Z łatwością oprzecie się chęci podjadania słodyczy, bo nagłe napady wilczego głodu już wam nie grożą.

Trawiąc proteiny, spalacie kalorie!

Trawienie białek trwa niezwykle długo. Czy wiecie, że potrzeba ponad 3 godzin, żeby organizm strawił i przyswoił posiłek bogaty w proteiny? Ale to nie wszystko: by czerpać kalorie, a więc energię z protein, organizm musi podjąć poważny wysiłek. Obliczono, że aby przyswoić 100 kalorii, trzeba zużyć 30 kalorii. Sam proces trawienia białek obniża zatem wartość kaloryczną posiłku bogatego w proteiny.

Czyste proteiny zmniejszają liczbę przyswajanych kalorii

Idealna dla człowieka proporcja składników odżywczych (dzięki którym będzie mógł czerpać największą liczbę kalorii niezbędnych do przeżycia) przedstawia się następująco: 5 części węglowodanów, 3 części tłuszczów i 2 części białek. Jeśli skład kęsa pokarmowego zachowuje tę optymalną proporcję, to przyswajanie kalorii w jelicie cienkim jest idealne i odbywa się z maksymalną skutecznością. Kiedy zmienimy tę proporcję, zakłócimy prawidłowe przyswajanie kalorii – a to jest szczególnie pożądane w trakcie stosowania diety. Odżywianie ograniczone wyłącznie do jednego z trzech składników pokarmowych automatycznie spowoduje złe przyswajanie kalorii. Nie można jednak rozważać ograniczenia odżywiania wyłącznie do spożywania tłuszczów i cukrów, ponieważ jest to szkodliwe dla zdrowia i doprowadziłoby do groźnego podwyższenia poziomu cholesterolu we krwi, zachorowania na cukrzycę lub wystąpienia problemów układu sercowo-naczyniowego. Dietą bezpieczną dla organizmu jest więc tylko i wyłącznie dieta proteinowa polegająca na spożywaniu białek. Kiedy do układu trawiennego trafia jedzenie złożone z samych protein, nie jest on w stanie skorzystać w pełni z wartości kalorycznej pokarmu. Organizm stara się więc przyswoić wyłącznie proteiny niezbędne do podtrzymania funkcji organów i absorbuje bardzo mało pozostałych kalorii dostarczonych z pokarmem.

Czyste proteiny pomagają walczyć z zatrzymywaniem wody w organizmie

Kuracje odchudzające oparte na warzywach, owocach i solach mineralnych powodują zatrzymywanie wody w organizmie. W przeciwieństwie do nich kurację opartą na proteinach, którą poznacie, można nazwać hydrofobową, ponieważ ułatwia wydalanie moczu, co jest niezwykle istotne zwłaszcza dla kobiet w okresie menopauzy lub przed menstruacją. Nasz program jest więc szczególnie korzystny dla kobiet, które wykazują tendencje do zatrzymywania wody w tkankach. Niektóre z moich pacjentek, choć nie miały wcześniej problemów z nadwagą, w okresie menopauzy zaczęły się skarżyć na opuchnięte kostki, ciężkie nogi i nabrzmiały brzuch. Krótkie kuracje, jakie stosowały (np. lżejsze jedzenie po tygodniu świętowania), nagle stały się nieskuteczne. We wszystkich tych przypadkach pierwsza uderzeniowa faza naszej diety, oparta wyłącznie na czystych proteinach, zdziałała cuda.

Proteiny skutecznie zwalczają cellulit

Stosowanie diety proteinowej przynosi spektakularne efekty w walce z cellulitem. Wynikają one z „hydrofobowych" właściwości białek i wzmożonej aktywności nerek spowodowanej zwiększonym spożyciem płynów. Woda przenika do tkanek i usuwa z nich zanieczyszczenia. Cellulit zostaje „wypłukany" z organizmu. Właśnie dlatego – należy to podkreślić – w czasie trwania kuracji trzeba pić duże ilości wody.

Pamiętajcie, by dużo pić, aby usuwać zanieczyszczenia

Organizm może wykorzystać jedynie część dostarczanych mu protein. Tylko około 50 procent spożywanych przez człowieka białek jest przyswajanych. Reszta, która nie została strawiona, pozostaje w organizmie jako uboczny produkt przemiany materii. Może to powodować zwiększenie ilości kwasu moczowego, który musi zostać wydalony z organizmu. Aby poradzić sobie z tą drobną niedogodnością, wystarczy pić w czasie diety odpowiednią ilość wody (2 litry dziennie). Badania pokazują, że przy wystarczającym nawodnieniu organizmu spożycie protein nie jest dla niego ryzykowne. Co więcej, połączenie wody z proteinami pozwala skutecznie pozbyć się cellulitu!

Dieta dr. Dukana

Co to jest plan Protal?

Odchudzająca kuracja uderzeniowa, którą wam proponuję, została nazwana przeze mnie planem Protal z przyczyn praktycznych. Protal to skrót powstały z połączenia dwóch francuskich słów: *protéines* + *alternatives* (proteiny + naprzemienne). Plan ten składa się z dwóch połączonych ze sobą kuracji, działających na zasadzie silnika dwutaktowego: pierwszy etap to kuracja uderzeniowa oparta na czystych proteinach, drugi to kuracja oparta na proteinach i warzywach, organizm potrzebuje bowiem chwili odpoczynku, by przyzwyczaić się do utraty wagi. To właśnie plan Protal jest podstawą mojej metody.

Z czasem przekonałem się – przede wszystkim dzięki obserwowaniu moich pacjentów i poznawaniu ich doświadczeń – że dwuetapowy plan Protal jest niewystarczający. Zauważyłem, że po osiągnięciu upragnionej wagi pacjenci popadali w całkowite rozluźnienie i ponownie szybko przybierali na wadze. Zastanawiałem się, jak im pomóc, co powinni robić, by utrzymać efekt kuracji. Dlatego rozwinąłem swoją metodę i opracowałem kompleksowy czteroetapowy plan odchudzania. Uwaga: jeśli chcecie schudnąć, musicie przyjąć ten plan w całości i ściśle się do niego stosować albo w ogóle nie rozpoczynać tej diety. Jeśli pominiecie jeden etap, możecie mieć pewność, że dieta okaże się porażką.

Jeśli jednak podejmiecie wyzwanie, mój całościowy plan odchudzania przyniesie wam wiele korzyści, a wasza motywacja do stosowania diety będzie trwała z czterech powodów:

• plan Protal to lista jasnych i precyzyjnych wytycznych, wystarczy ich przestrzegać, aby osiągnąć cel;

• plan Protal jest kuracją całkowicie naturalną, a spośród wszystkich naturalnych kuracji najbardziej skuteczną;

• plan Protal nie jest frustrujący, ponieważ nie narzuca żadnych ograniczeń ilościowych;

• nie można zastosować planu Protal tylko w połowie: albo akceptuje się go w całości i wygrywa, albo ponosi się porażkę!

Cztery etapy planu Protal

- **Faza 1: czyste proteiny**

To faza ataku, podczas której będziecie jeść wyłącznie posiłki składające się z czystych protein. Start jest piorunujący, a utrata kilogramów błyskawiczna.

- **Faza 2: proteiny + warzywa**

Po pierwszym etapie, w którym wypowiedzieliście wojnę zbędnym kilogramom, następuje faza równomiernej utraty wagi opierająca się na diecie naprzemiennej. Wasze posiłki będą się składały z czystych protein oraz warzyw. Dzięki temu osiągniecie upragnioną wagę.

- **Faza 3: utrwalenie uzyskanej wagi**

Kiedy osiągniecie upragnioną wagę, nie możecie dopuścić do wystąpienia efektu jo-jo. Po każdej szybkiej utracie kilogramów organizm ma tendencję do ponownego, jeszcze większego przybierania na wadze. Należy być bardzo ostrożnym i w żadnym wypadku nie kończyć diety na tym etapie. Trzeba ją stosować nadal – dziesięć dni diety na każdy utracony kilogram.

- **Faza 4: ostateczna stabilizacja**

Okres definitywnej stabilizacji uzyskanej wagi jest bardzo istotny, ponieważ decyduje o powodzeniu waszej diety. Będziecie musieli do końca życia przestrzegać jednej prostej zasady, dzięki której już nigdy nie wrócicie do dawnej wagi: zachować ścisłą dietę proteinową jeden dzień w tygodniu, najlepiej w każdy czwartek. Przestrzeganie tej reguły ochroni was przed ponownym przybraniem na wadze.

Jak widzicie, plan Protal raz rozpoczęty będzie z wami do końca życia.

Cztery fazy diety

FAZA 1
Atak czystymi proteinami (P)

Jest to najbardziej motywujący etap planu Protal – zobaczycie, że wasza waga spadnie w błyskawicznym tempie, trochę tak jakbyście stosowali głodówkę. Faza ataku jest niczym prawdziwa machina wojenna.
W tej fazie diety będziecie spożywać produkty o jak największej zawartości białek, ograniczając do minimum pozostałe składniki odżywcze. W rzeczywistości nie jest możliwe całkowite wyeliminowanie z odżywiania węglowodanów i tłuszczów, ponieważ poza białkiem jajka nie istnieje żaden inny pokarm, który składałby się wyłącznie z protein. Podczas tego etapu diety należy jeść tylko produkty, których skład jest jak najbardziej zbliżony do czystych białek, na przykład niektóre rodzaje mięs, ryby, owoce morza, drób, jaja, odtłuszczony nabiał.
Czas trwania: faza ta może trwać od 1 do 10 dni w zależności od liczby kilogramów „do zrzucenia".

FAZA 2
Równomierna utrata wagi dzięki proteinom spożywanym naprzemiennie z warzywami (PW)

Druga faza planu Protal jest ściśle związana z pierwszą, ich działanie się uzupełnia i kumuluje. Podczas tego etapu będziecie stosować naprzemiennie dietę opartą wyłącznie na czystych proteinach z dietą łączącą proteiny i warzywa. Zarówno w pierwszej, jak i drugiej diecie macie całkowitą dowolność, jeśli idzie o ilość spożywanych pokarmów, możecie jeść, ile chcecie i kiedy chcecie, ale tylko dozwolone produkty.
W dalszej części książki opiszę dokładnie, w jakim rytmie powinny następować po sobie dieta proteinowa oraz dieta łącząca białka i warzywa. Jest to zależne od wagi, jaką chcecie zrzucić, waszego wieku, a także waszej motywacji.
Czas trwania: faza ta powinna być stosowana bez przerwy, aż do uzyskania upragnionej wagi.

FAZA 3
Utrwalenie osiągniętej wagi

Podstawowym zadaniem tego etapu planu Protal jest wprowadzenie do jadłospisu nowych kategorii produktów i utrwalenie zdobytej wagi. Będziecie mogli urozmaicić menu, jednak najważniejszym celem będzie uniknięcie efektu jo-jo. Wasz organizm będzie próbował się bronić, zwłaszcza jeśli utrata kilogramów w dwóch pierwszych fazach była znacząca. Odpowie więc na ograbienie go z zasobów tłuszczów i węglowodanów próbą zgromadzenia ich na nowo: w tym celu ograniczy zużycie energii, a maksymalnie wykorzysta i przyswoi każdy kęs pożywienia. Obfity posiłek, który miałby niewielkie znaczenie przed rozpoczęciem diety, na tym etapie kuracji będzie miał poważne skutki.

Dlatego w fazie 3 wprowadzicie do diety nowe kategorie produktów – ale w ograniczonych ilościach i tylko po to, by dotrwać do czasu, aż metabolizm się uspokoi i nie będzie ryzyka wystąpienia efektu jo-jo, który jest najczęstszym powodem niepowodzenia kuracji odchudzających.

Czas trwania: zależy od liczby zrzuconych kilogramów i ustala się go w bardzo prosty sposób: 10 dni na każdy utracony kilogram.

FAZA 4
Trwała stabilizacja

Osoby, które cierpiały na nadwagę, wiedzą doskonale, że nawet po udanej diecie nie będą w stanie osiągnąć równowagi i umiaru w jedzeniu, jakie, zresztą bardzo słusznie, zaleca im większość dietetyków, wiedząc, że tylko to gwarantuje utrzymanie uzyskanej wagi. Dlatego tak ważne jest, aby osoba, która właśnie ukończyła fazę utrwalenia wagi, nie była pozostawiona sama sobie. Trzeba przy tym pamiętać o specyficznych uwarunkowaniach psychologicznych osób, które były bardzo otyłe.

W ostatniej, 4 fazie planu Protal zalecam stosowanie raz w tygodniu (najlepiej w czwartek) początkowej kuracji uderzeniowej opartej na czystych proteinach.

Czas trwania: tak długo, jak to możliwe, najlepiej do końca życia... Kilka prostych zasad fazy 4 pozwoli wam jeść normalnie i nie przybierać na wadze.

Dieta obfita w wodę

Ponieważ ubocznym produktem przyswajania i rozkładu protein jest pozostający w organizmie kwas moczowy, należy pić co najmniej 1,5 litra wody dziennie, aby wypłukać go z organizmu. Woda dodatkowo poprawia skuteczność diety: chudnięcie to nie tylko spalanie kalorii, ale także usuwanie ubocznych produktów przemiany materii. Podobnie jak w przypadku każdego innego spalania, również energia spalona w czasie diety pozostawia po sobie zanieczyszczenia, które należy usunąć. Niedobór wody może zahamować utratę wagi, jest też toksyczny dla organizmu.

Dieta uboga w sól

Plan Protal skutecznie przeciwdziała zatrzymywaniu wody w organizmie. Pokarm bogaty w sól zatrzymuje wodę w tkankach. Pamiętajcie, że 1 litr wody to 1 kilogram, a 9 gramów soli może zatrzymać 1 litr wody w tkankach!

Gdzie można się zaopatrzyć w otręby owsiane?

Znajdziecie je w każdym sklepie ze zdrową lub dietetyczną żywnością. Wybierajcie otręby nieprzetworzone. Otręby owsiane są bardzo tanie, a to rzadkość wśród produktów dietetycznych.

Otręby owsiane

Moja dieta opiera się także na bardzo ważnym składniku: otrębach owsianych. Uważam, że jest to najlepszy dla zdrowia pokarm na świecie.

Otręby owsiane łagodnie regulują pracę jelit

W naturze występują dwa rodzaje włókien pokarmowych: włókna rozpuszczalne (występujące w pektynach jabłka i otrębach owsianych) oraz włókna nierozpuszczalne. Włókna nierozpuszczalne, występujące w otrębach pszennych, mogą podrażniać delikatne ścianki jelit. Włókna rozpuszczalne działają o wiele łagodniej: zmieniają się w przewodzie pokarmowym w rodzaj żelu, który ułatwia przechodzenie treści jelitowej, a także zabiera ze sobą niewielką część kalorii z pokarmu. Spożywane codziennie otręby owsiane pomogą wam utrzymać smukłą sylwetkę. Ci, którzy źle je tolerują, mogą je zmiękczyć, mocząc otręby pół godziny w mleku.

Otręby owsiane sycą

Otręby pęcznieją w kontakcie z wodą i zwiększają swoją objętość w żołądku nawet trzydzieści razy. Żołądek jest więc dobrze wypełniony i na długo zajęty.

Otręby owsiane wspomagają odchudzanie

Otręby mają tę niezwykłą właściwość, że przechwytują część kalorii w jelicie cienkim i pociągają je ze sobą do stolca. Utrata kalorii nie jest duża, ale jeśli proces jest regularny, może okazać się istotny. Ponadto otręby owsiane łagodnie, a nie gwałtownie, poprawiają pracę jelit często spowolnioną podczas stosowania diet.

Otręby owsiane obniżają poziom cholesterolu

Liczne badania naukowe wykazały pozytywne znaczenie włókien pokarmowych w regulowaniu poziomu cholesterolu, a otręby owsiane mają najlepszy wpływ na poziom cholesterolu we krwi. W połączeniu z dobrze zbilansowaną dietą otręby owsiane znacznie obniżają poziom cholesterolu. Dlatego zaleca się ich spożywanie w celu zapobiegania chorobom sercowo-naczyniowym.

Otręby owsiane chronią przed cukrzycą

Otręby spowalniają przenikanie cukrów prostych do krwi, co zmniejsza wydzielanie insuliny i obciążenie trzustki.

Otręby owsiane chronią przed rakiem okrężnicy

Otręby spożywane codziennie w połączeniu z odpowiednią ilością wody chronią ścianki jelit. Nasze jelita pełnią funkcję filtra i jak każdy filtr mogą zostać zanieczyszczone. Skażenie środowiska, nieregularne odżywianie, pestycydy, alergie pokarmowe mogą powodować podrażnienie ścianek jelita. Otręby owsiane działają jak gąbka lub miotełka, absorbują pozostałości przemiany materii i czyszczą wszelkie złogi w jelitach – pod warunkiem że spożywamy je codziennie.

Czy można spożywać kilka porcji otrąb dziennie?

W okresie utraty wagi, czyli w fazie uderzeniowej i w fazie równomiernego rytmu, aż do uzyskania właściwej wagi najlepiej nie jeść więcej niż 2 łyżki stołowe otrąb owsianych dziennie.

- 1 łyżka stołowa otrąb dziennie jest nie tylko dozwolona, lecz wręcz zalecana.
- 2 łyżki dają jeszcze lepsze rezultaty i poprawiają pracę jelit.
- 3 łyżki jeszcze bardziej zwiększają skuteczność działania otrąb, ale mają już swoją wartość kaloryczną. Możecie spożywać codziennie taką porcję otrąb, kiedy rozpoczniecie 4 fazę planu Protal, czyli ostateczną stabilizację.

Pytania – odpowiedzi

Czy w czasie diety Protal powinienem pozostawać pod opieką lekarza?

→ Jeśli macie mniej niż 50 lat, jesteście zdrowi, nie uskarżacie się na żadne dolegliwości, nie występuje czynnik zagrożenia chorobami serca lub nerek i jeśli nie cierpicie na depresję, cukrzycę, anoreksję lub bulimię, nie ma żadnego powodu do niepokoju i kontrola lekarska nie jest konieczna, zwłaszcza gdy korzystacie z jednej z największych zalet diety Dukana: wolnego dostępu do nieograniczonej ilości pokarmów bogatych w proteiny oraz warzyw.
→ Jeśli skończyliście już 50 lat, warto skonsultować się z lekarzem rodzinnym i wykonać podstawowe badania, aby wykluczyć ewentualną niewydolność tarczycy i hormonalne problemy z zatrzymywaniem wody w organizmie.
→ Ideałem byłoby posiadanie własnego lekarza, który zna was na tyle dobrze, by pomóc wam we właściwym stosowaniu diety, mierzeniu ciśnienia tętniczego i interpretacji wyników badań krwi. Chudnięcie to trudne i nienaturalne zadanie. Każda pomoc jest więc cenna i mile widziana.

Czy mogę stosować proteiny w proszku lub batoniki proteinowe?

Stanowczo nie, i to z dwóch powodów:

→ Większość dostępnych w sprzedaży batoników proteinowych ma zbyt dużą zawartość węglowodanów, a zbyt niską protein w stosunku do tego, co zaleca dieta. Jeśli nie macie czasu lub nie lubicie gotować, jedzcie proste, gotowe potrawy, jak chuda szynka z kurczaka, indyka czy surimi. Możecie także zapełnić lodówkę odtłuszczonym twarożkiem lub jogurtami.

→ Tylko syntetyczne proteiny w proszku mają odpowiednią zawartość białka, ale nasza metoda nie opiera się na proteinach w proszku, lecz na proteinach naturalnych. W fazie ostatecznej stabilizacji wagi, lecz tylko w wyjątkowych sytuacjach, możecie użyć protein w proszku, które zawierają co najmniej 95 procent czystych protein.

Jak pogodzić dietę z dbaniem o odpowiedni poziom cholesterolu?

→ Należy po prostu zwracać szczególną uwagę na spożycie jajek. Jeśli poziom cholesterolu jest w normie, możecie jeść jedno całe jajko dziennie. Jeżeli poziom cholesterolu jest nieco zbyt wysoki, używajcie w kuchni tylko białek. W takim przypadku przygotujcie placek z otrąb owsianych (patrz przepis na str. 42) wyłącznie na bazie białek. Albo inaczej: jedzcie tyle białek, ile chcecie, a żółtka ograniczcie do czterech na tydzień.

Często zdarza mi się „omijać" posiłki. Czy w ten sposób przyspieszę działanie diety?

→ Wręcz przeciwnie! Nie należy rezygnować z posiłków, gdyż to bardzo obniża skuteczność diety. Trzeba tego unikać. Jeśli nie zjecie obiadu, możecie mieć pewność, że będzie wam burczało w brzuchu o godzinie 17 i wtedy z pewnością rzucicie się na czekoladowy batonik. Ale wyobraźmy sobie, że udało się wam dotrwać do kolacji. Z całą pewnością zjecie więcej niż zwykle i wybierzecie produkty dające większą satysfakcję – skrobiowe, pieczywo, tłuste... A ukarze was za to wasz własny organizm, korzystając ze wszystkiego, co mu dostarczycie. Jeśli jecie regularnie, organizm rozsądnie czerpie energię z otrzymywanego pokarmu. Załóżmy, że korzysta z niego w 10–75 procentach. Jeśli zapomnieliście zjeść obiad, to nie tylko zjecie dużo więcej w trakcie następnego posiłku, ale dodatkowo wasz organizm skorzysta z 95 procent spożytego pokarmu. Przegracie na wszystkich frontach.

W skrócie... metoda Dukana w 12 punktach

❶ Skuteczność
Nie znam nikogo, kto przestrzegając wszystkich zaleceń tej diety, zmotywowany i wierzący w jej skuteczność, nie schudłby, nie zyskał upragnionej wagi albo jej nie utrzymał.

❷ Szybkość działania
Dieta działa błyskawicznie już od chwili rozpoczęcia, co podtrzymuje, czytaj: podwaja motywację.

❸ Prostota
100 produktów, w tym 72 proteinowe i 28 warzyw.

❹ Brak uczucia głodu
100 produktów, które można spożywać do woli.

❺ Prosta, czterofazowa struktura
Sztywne ramy i proste reguły postępowania – dietetyczne zasady, którymi łatwo się posługiwać.

❻ Odpowiednia waga dla każdego
Metoda ta pozwala każdej osobie z nadwagą, która przygotowuje się do odchudzania, określić prawidłową dla siebie wagę. Wagę „osiągalną i możliwą do utrzymania”.

7 Metoda naturalna

100 produktów dozwolonych w ramach tej diety to pokarmy najbardziej naturalne dla człowieka, takie jakie jedliśmy u początków powstania gatunku, pożywienie łowcy-zbieracza.

8 Trwała stabilizacja

Trzy proste zasady na całe życie.

9 Plan dydaktyczny

Chudniesz, bo wiesz, jak chudnąć – dzięki zrozumieniu działania poszczególnych składników pokarmowych na metabolizm.

10 Koncepcja ANR

Aktywność fizyczna przepisana na receptę – nowa siła napędowa diety.

11 Metoda spersonalizowana

Kuracja odchudzająca ma dużo większe szanse powodzenia, gdy jest spersonalizowana. Dzięki internetowi jest to już możliwe (patrz str. 128)

12 Poradnictwo i *coaching on line*

Nareszcie można być prowadzonym dzień po dniu, kilogram po kilogramie przez specjalistę. Metoda stała się interaktywna dzięki codziennym kontaktom użytkownika z dietetykiem przez internet (patrz str. 129).

Faza 1: **atak**

Pierwsza faza, oparta na czystych proteinach, działa piorunująco. Stosując ją, możecie poczuć się jak kierowca buldożera, który miażdży wszystkie przeszkody na swojej drodze. Siądźcie za kierownicą!

Cele fazy 1

Należy pamiętać tylko o jednym: to, co jest dozwolone, możecie jeść bez ograniczeń

Na kolejnych stronach tej książki znajdziecie listę produktów dozwolonych (patrz str. 38). Te produkty możecie jeść do woli, bez żadnych ograniczeń ilościowych. O pozostałych na razie zapomnijcie.

Pamiętajcie, aby pić co najmniej 1,5 litra wody dziennie. Pijąc więcej, będziecie mieli uczucie „wypełnionego" i szybciej nasyconego żołądka. Będziecie częściej oddawać mocz, bo nerki, nieprzyzwyczajone do takiej ilości płynów, zostaną zmuszone do wydalania. Bardzo szybko poczujecie się niezwykle lekko, wasze twarze wyszczuplejà, a pierścionki zaczną się zsuwać ze smukłych palców!

Wyzwania trzech pierwszych dni

Kuracja uderzeniowa działa przez zaskoczenie – organizm musi się przyzwyczaić do nowego, innego sposobu odżywiania.

• Pierwszy dzień kuracji uderzeniowej

To dzień przystosowania się i walki. Oczywiście możecie jeść mnóstwo pożywnych i smacznych produktów żywnościowych, ale wiele innych, które zwykliście jadać do tej pory, jest zabronionych. Na rozpoczęcie diety wybierzcie najlepiej taki dzień, w którym będziecie mogli odpocząć i jeść to, co wyda wam się najlepsze: idealny może być na przykład początek weekendu, ale wszystko zależy od waszych przyzwyczajeń i organizacji tygodnia.

Przez pierwsze 3 dni kuracji uderzeniowej poczucie ograniczenia może być bardzo silne. Aby sobie z tym poradzić i przejść ten trudny etap, wypełnijcie lodówkę dozwolonymi produktami. Dzięki temu będziecie mogli w pełni skorzystać z możliwości, jakie daje ta kuracja – pierwsza dieta, która pozwala jeść do woli takie wartościowe i pożywne produkty, jak wołowina i cielęcina, wszelkie rodzaje ryb, w tym wędzonego łososia czy tuńczyka z puszki, łupacza czy surimi. Ostrygi, langustynki, jajecznica, niezwykły wybór odtłuszczonych produktów mlecznych, chude szynki, a nawet słodkie desery na chudym mleku – wybór należy do was! Pierwszego dnia jedzcie więcej. Jakość zastąpcie ilością.

• **Drugi dzień**
Przez pierwsze 2 dni fazy ataku możecie odczuwać lekkie zmęczenie i mniejszą odporność na długotrwały wysiłek. Wasz organizm „zaatakowany przez zaskoczenie" spala kalorie niemal sam z siebie. Nie jest to więc dobry moment na podejmowanie dużego wysiłku. Unikajcie w tym okresie forsownych ćwiczeń fizycznych lub sportów ekstremalnych.

• **Od trzeciego dnia**
Zmęczenie zwykle znika i ustępuje miejsca poczuciu euforii oraz przypływowi energii, które zwiększają się jeszcze dzięki zgubionym kilogramom, zachęcając do kontynuowania diety. Znika także głód. Ten zaskakujący efekt związany jest z większym wydzielaniem ciał ketonowych, najlepszych naturalnych biomarkerów sytości. Może on być także wynikiem znudzenia proteinowymi posiłkami tych osób, które nie są miłośnikami mięsa czy ryb: monotonia bardzo mocno hamuje apetyt. Napady wilczego głodu i nieodparta chęć zjedzenia czegoś słodkiego zupełnie znikają po trzech dniach kuracji.

Znaczny spadek wagi

Faza ataku, efekt metabolicznego zaskoczenia organizmu i prawdziwy impuls psychologiczny, pozwoli wam szybko stracić maksymalną liczbę kilogramów, jaką wasze ciało może stracić w tak krótkim czasie. Sami będziecie zaskoczeni.

Sposób na zaparcia

Podczas kuracji proteinowej mogą wystąpić problemy trawienne. Najczęściej są to zaparcia, gdyż produkty proteinowe zawierają bardzo mało włókien pokarmowych. Zaopatrzcie się w otręby owsiane i dodawajcie je do jogurtów. Możecie także po głównym posiłku zjeść łyżkę stołową oleju parafinowego (sprzedawanego w aptece). A co najistotniejsze – dużo pijcie, bo woda nie tylko sprzyja częstemu oddawaniu moczu, ale także rozmiękcza stolec, poprawia skurcze jelit i ułatwia tranzyt jelitowy.

Suchość w ustach

Nieprzyjemny oddech i suchość w ustach to symptomy pojawiające się przy każdej diecie. Przy stosowaniu mojej metody będą bardziej odczuwalne niż przy dietach o łagodniejszym rytmie. Oznaczają, że chudniecie, więc przyjmijcie je jak wiadomość o sukcesie, z satysfakcją. Aby załagodzić nieprzyjemne objawy, pijcie więcej wody i żujcie gumę bez cukru.

Trzy posiłki dziennie

Choć główną zasadą, na której opiera się moja metoda, jest możliwość spożywania dozwolonych produktów bez żadnych ograniczeń ilościowych, ważne jest, by zachować normalny rytm trzech podstawowych posiłków dziennie. Jeśli ominiecie posiłek, wasz organizm „zemści się" podczas następnego – możecie czuć pokusę, żeby sięgnąć po produkty zakazane, a wasz organizm, który nie lubi frustracji, maksymalnie wykorzysta energetyczną wartość dania i zmagazynuje więcej energii niż zwykle.

Ważcie się!

Ważcie się jak najczęściej w czasie pierwszej fazy proteinowej, bo to podniesie wasze morale. Zmiany będą następowały z godziny na godzinę, a wskazówka wagi będzie się coraz bardziej odchylać w lewo. Pamiętajcie, że waga jest waszą przyjaciółką. Doda wam motywacji do dalszego wysiłku i pomoże zachować czujność w fazie utrwalania i stabilizacji.

Zasady fazy 1

Jak długo powinna trwać?

Kuracja uderzeniowa polega na jedzeniu czystych protein. Czas trwania tego etapu będzie uzależniony od waszego wieku, liczby kilogramów, które chcecie zrzucić, liczby diet, które stosowaliście wcześniej. Niżej znajdziecie kilka wskazówek, które pomogą wam w jasnym określeniu celów i trzymaniu się obranej ścieżki.

• Aby stracić do 5 kilogramów

Nie należy zaczynać zbyt gwałtownie: 1 dzień kuracji uderzeniowej może wystarczyć. Ten pierwszy dzień, zwany dniem otwarcia, dzięki nagłej zmianie, która zaskakuje organizm, pozwala na szybką utratę wagi, zachęcającą do podjęcia dalszego wysiłku.

• Aby stracić do 10 kilogramów

Proponuję rozpocząć dietę trzydniową kuracją uderzeniową. Pozwoli wam to przejść bez wysiłku do następnej fazy – spożywania protein naprzemiennie z warzywami.

• Aby stracić od 10 do 20 kilogramów

Kuracja uderzeniowa powinna trwać 5 dni. Taki czas pozwoli na uzyskanie najlepszych rezultatów, a dieta nie spowoduje zaburzeń metabolizmu ani zbytniego zmęczenia osoby, która ją stosuje.

• Aby stracić ponad 20 kilogramów

W przypadku poważnej otyłości, kiedy chcemy zrzucić ponad 20 kilogramów, można przedłużyć fazę uderzeniową do 7, a nawet do 10 dni, oczywiście za zgodą lekarza. Po zasięgnięciu opinii lekarskiej możecie także zastosować tak długą fazę uderzeniową, jeśli wcześniej przeszliście wiele nieudanych kuracji odchudzających. W ich wyniku wasz organizm może być „uodporniony" na kolejne diety. Pamiętajcie o bezwzględnym nakazie picia co najmniej 1,5 litra wody dziennie.

Jak utrzymać „kurs na dietę"?

• Czytajcie wielokrotnie i z uwagą spis dozwolonych produktów. Przygotowujcie sobie na jego podstawie listę zakupów, wybierając to, co lubicie najbardziej. Ufajcie tylko tej liście. Przestrzegajcie jednej zasady żywieniowej – jedzcie chude mięsa, ryby i owoce morza, drób, chude szynki, jajka, odtłuszczony nabiał i pijcie wodę.

• Jedzcie tyle, ile chcecie. Kuracja nie ogranicza ilościowo. Korzystajcie z tego!

• Nigdy nie opuszczajcie posiłków, to poważny błąd – w czasie kolejnego posiłku zjecie więcej lub co gorsza skuszą was produkty zakazane. A wasze ciało każe wam za to słono zapłacić.

• Pijcie dużo i zawsze wtedy, kiedy jecie. Aby skutecznie oczyszczać organizm, musicie pić co najmniej 1,5 litra wody dziennie. Woda sprawi również, że poczujecie się nasyceni.

• Napełnijcie lodówkę! Jeśli zabraknie protein, a poczujecie głód, rzucicie się bez namysłu na produkty zakazane. Regularnie róbcie więc zakupy, abyście nie musieli sobie odmawiać jedzenia.

Jakie trudności można napotkać?

Trzy pierwsze dni diety mogą być trudne, ponieważ organizm będzie się musiał przyzwyczaić do nowego sposobu odżywiania.

Będziecie musieli pokonać gwałtowny głód, który zaniknie po trzecim dniu kuracji. Możecie też początkowo cierpieć na zaparcia, ale wszystko szybko wróci do normy dzięki otrębom owsianym.

Podczas trzech pierwszych dni diety możecie też mieć ogromną ochotę na słodycze. Wytrzymajcie, 3 dni to nie tak długo! Jeśli uda się wam przetrwać ten trudny etap, zarówno głód, jak i ochota na słodycze znikną w następnych dniach kuracji.

Czyste proteiny

Co to takiego?

Spośród wszystkich spożywanych przez nas pokarmów tylko białko jajka składa się z czystych protein. Jest jednak pewna liczba produktów, których budowa zbliżona jest do poszukiwanego przez nas ideału. Dlatego na liście pokarmów dozwolonych w czasie 1 fazy diety znajdziecie następujące produkty białkowe, bardzo bogate w czyste proteiny:

- konina (z wyjątkiem łaty),
- wołowina (z wyjątkiem antrykotu, żeberek i tłustych części rosołowych),
- cielęcina,
- drób (z wyjątkiem kaczki i gęsi),
- ryby,
- skorupiaki i mięczaki,
- jajka,
- chudy nabiał.

Zasada: wszystko albo nic

Skuteczność pierwszej fazy planu Protal jest nierozerwalnie związana z wyselekcjonowaną listą dozwolonych produktów: dieta będzie działać błyskawicznie, pod warunkiem że ograniczycie się do spożywania wyłącznie produktów z listy. Zapamiętajcie: jeśli nie będziecie drobiazgowo przestrzegać tego zalecenia, wasza kuracja zostanie spowolniona, zablokowana lub będzie całkowicie nieskuteczna. Nie możecie sobie pozwalać na żadne odstępstwa. Nawet jeśli wydaje się wam, że mała kostka czekolady po proteinowym obiedzie jest zupełnie niegroźna, musicie wiedzieć, że to zmienia wszystko. Jak wyjaśniłem wyżej, dieta opiera się na podstawowym założeniu, że organizm będzie trawił tylko i wyłącznie proteiny. Jeśli wprowadzicie do jadłospisu tłuszcze lub węglowodany, „proteinowy post" nie zadziała. Nie można więc stosować tej diety połowicznie. Protal kieruje się zasadą: wszystko albo nic. Jego metaboliczna skuteczność będzie zagrożona, jeśli postanowicie stosować go „tylko trochę" .

W zamian za to, gdy posłuchacie tego jedynego zalecenia, kuracja sprawi, że wasz organizm będzie:

- spalać kalorie, aby strawić proteiny;

- wolniej trawić posiłki złożone z protein;
- szybciej sięgać do swych rezerw energetycznych, nie zmniejszając masy mięśniowej i nie osłabiając kości;
- wydalać szkodliwe produkty przemiany materii, co pomoże zwalczyć cellulit;
- walczyć z opuchlizną i zatrzymywaniem wody;
- odczuwać mniejszy apetyt.

Odwagi, ten etap nie trwa długo, więc dajcie z siebie wszystko!

Idealna kuracja do walki z zatrzymywaniem wody w organizmie

Możecie stosować fazę czystych protein również wtedy, kiedy czujecie, że w pewnym okresie życia zaczęliście przybierać na wadze. 2 lub 3 dni diety proteinowej pomogą wam wrócić na właściwą ścieżkę. Rada ta skierowana jest głównie do kobiet, które często czują się nabrzmiałe i opuchnięte pod koniec cyklu miesięcznego lub tyją po ukończeniu 50 roku życia, choć wcale nie jedzą więcej niż zwykle. Mechanizm przybierania na wadze jest o wiele bardziej skomplikowany w przypadku kobiet niż mężczyzn i wiąże się często z zatrzymywaniem wody w organizmie. Kilka dni czystych protein powinno zlikwidować uczucie opuchnięcia. Ta faza diety zwalczy także uczucie ciężkich nóg czy obrzęk kostek i palców. Utrata kilogramów będzie widoczna nie tylko dzięki wskazówce wagi, wasze ciało naprawdę się zmieni i odzyskacie linię. Już do końca życia będziecie mogli korzystać z dobrodziejstw fazy 1 dzięki proteinowym czwartkom, które wprowadzimy w fazie utrwalania zdobytej wagi.

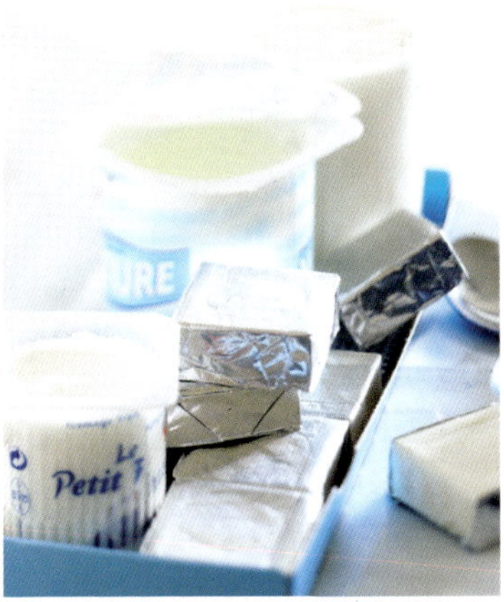

Przybieranie na wadze w okresie menopauzy

Menopauza to szczególnie trudny okres w życiu kobiety, jeśli chodzi o utrzymanie właściwej wagi. Ale nie należy się poddawać. Najważniejsze, by zareagować natychmiast, kiedy zaczną się odkładać nowe kilogramy. 1 proteinowy czwartek w tygodniu lub 2 „proteinowe posty" na 15 dni powinny wystarczyć, by zachować właściwą wagę. W pozostałe dni nie pijcie zbyt dużo wody i uważajcie z solą, aby ograniczyć zatrzymywanie wody w tkankach. W tym celu zrezygnujcie z gotowych dań – jest w nich prawie 90 procent soli, którą spożywamy.

Jak przygotować mięso?

Mięso należy przygotowywać bez użycia tłuszczu, masła, oliwy i śmietany, nawet odtłuszczonej. Zaleca się grillowanie, ale można także piec mięso w piekarniku lub na ruszcie, zawijać je w papiloty lub po prostu gotować. Stopień wysmażenia zależy od upodobań, ale należy pamiętać, że im dłużej mięso poddawane jest działaniu wysokiej temperatury, tym więcej traci tłuszczu, zbliżając się do proteinowego ideału. Używajcie przypraw, wtedy mięsne posiłki nie będą monotonne.

72 produkty dozwolone w fazie uderzeniowej

Pamiętajcie, by mieć zawsze pod ręką lub w lodówce produkty, które staną się waszymi przyjaciółmi i podstawą waszej diety. Zabierajcie je ze sobą, gdy udajecie się w podróż, ponieważ większość pokarmów proteinowych wymaga wcześniejszego przygotowania i w przeciwieństwie do węglowodanów czy tłuszczów gorzej się konserwuje i nie jest tak łatwo dostępna jak ciasteczka czy czekoladki zalegające na półkach i w szufladach.

Nim coś zjecie, sprawdźcie, czy produkt figuruje na liście ze str. 38. Niech nigdy nie brakuje wam niezbędnych produktów. Aby wiedzieć, co jeść i co kupować, miejcie listę produktów zawsze przy sobie przez pierwszy tydzień diety. Jest ona prosta i można ją podsumować w dwóch linijkach: chude mięsa i podroby, ryby i owoce morza, drób, szynki i jajka, nabiał i napoje.

Chude mięsa

• Wołowina

Dozwolone są wszystkie kawałki na pieczeń lub grill – stek, polędwica, ligawa, rostbef, części bez tłuszczu.

• Mięso mielone

Surowe, przygotowane jako tatar lub carpaccio bez użycia oleju. Można też przygotować pulpety: wymieszać mięso z jajkiem, ziołami, kaparami i włożyć wszystko do piekarnika.

Dopuszczalne jest także gotowe mrożone mięso mielone, ale należy uważać na zawartość tłuszczu, która nie powinna przekraczać 10 procent. 15 procent to już za dużo jak na pierwszą fazę diety.

• Cielęcina

Szczególnie polecane są eskalopki i części na pieczeń. Żeberka są dozwolone pod warunkiem usunięcia otaczającego je tłuszczu.

• Konina

To bardzo zdrowe i chude mięso. Najlepiej zjeść koninę w środku dnia, ponieważ ma właściwości pobudzające.

• Królik

Chude mięso, które można spożywać pieczone lub duszone w musztardzie albo odtłuszczonym białym serku.

Podroby

Możecie jeść ozorek oraz wątróbkę cielęcą lub jagnięcą. Wątróbka zawiera wiele witamin bardzo potrzebnych w czasie stosowania diety. Jednak uwaga na cholesterol! Osoby z grupy ryzyka powinny ograniczyć jej spożycie.

Ryby

Tu nie ma żadnych restrykcji ani ograniczeń. Wszystkie ryby są dozwolone: chude i tłuste, białe i niebieskie, świeże i mrożone, w konserwie w zalewie naturalnej (nie w oleju), a także wędzone i suszone.

• Wszystkie tłuste ryby o niebieskiej skórze

Wszystkie są dozwolone, zwłaszcza sardynki, makrele, tuńczyki, łososie.

• Ryby wędzone

Wędzony łosoś, choć wydaje się błyszczeć od tłuszczu, nie ma go więcej niż stek o zawartości tłuszczu wynoszącej 10 procent. Podobnie wędzony pstrąg, węgorz i łupacz.

• Ryby w konserwach

Bardzo wskazane jako szybki posiłek lub przekąska. Dozwolone tylko w sosie własnym, na przykład tuńczyk lub łosoś. Makrelę w białym winie należy spożywać bez sosu.

• Surimi

Przygotowane na bazie bardzo chudej białej ryby. Bardzo praktyczne w użyciu, łatwe do wzięcia ze sobą do pracy czy w podróż.

Jak przygotować rybę?

Rybę należy przygotowywać bez użycia tłuszczu. Można skropić ją sokiem z cytryny, posypać ziołami i wstawić do piekarnika. Możecie również ugotować ją na parze, a najlepiej zawinąć w papiloty, dzięki czemu nie wyparuje wydzielający się z niej sos.

Owoce morza

Krewetki szare i różowe, gambasy (olbrzymie krewetki), kraby, raki, ślimaki pobrzeżki, homary, langusty, ostrygi, małże, przegrzebki, czyli muszle św. Jakuba można spożywać do woli. Nadadzą kuracji odświętny charakter.

Drób

Wszelki drób jest dozwolony z wyjątkiem ptactwa o płaskim dziobie, czyli kaczek i gęsi. Uwaga: nie należy jeść skóry.

- **Kurczak**

Najchudsze mięso to pierś, potem udko, a następnie skrzydełko.

- **Indyk**

Dozwolony pod wszelkimi postaciami – najlepszy jest filet smażony na patelni lub udko natarte czosnkiem i upieczone w piekarniku.

Chude wędliny bez skórki

Można jeść odtłuszczone wędliny. Najlepiej wybrać szynkę wieprzową lub z indyka, zawierają bowiem tylko 2–4 procent tłuszczu. Praktyczne na szybki lunch.

Jajka

• Całe jajka

Można je jeść na twardo, na miękko, sadzone, w postaci omletu lub jajecznicy – smażone na patelni z powłoką zapobiegającą przywieraniu bez dodatku oleju czy masła.

• Samo białko

Jajka zawierają dużo cholesterolu, dlatego odradza się ich spożywanie osobom o zbyt wysokim poziomie cholesterolu we krwi. Należy ograniczyć spożycie żółtek do 3 lub 4 na tydzień, podczas gdy białka – proteiny w czystej postaci – można jeść bez ograniczeń. Można także przygotowywać omlety lub jajecznicę, używając dwóch białek i tylko jednego żółtka.

Chudy nabiał

• Produkty naturalne niezawierające tłuszczu

Jogurty, chude białe sery, serki homogenizowane, twarożki… Możecie jeść je do woli.

• Produkty aromatyzowane niezawierające tłuszczu (waniliowe, kokosowe, cytrynowe...)

Można jeść do woli.

• Chudy nabiał o smaku owocowym, lecz bez zawartości cukru

Dopuszczalny w pierwszej fazie, ale lepiej go unikać. W fazie uderzeniowej nie powinno się go jeść, lecz na jeden lub dwa jogurty można sobie w ostateczności pozwolić.

• Odtłuszczone mleko

Świeże lub w proszku jest dozwolone i może poprawić smak lub konsystencję herbaty czy kawy. Może też służyć do wyrobu sosów, kremów, budyniów.

Napoje

W czasie diety musicie koniecznie pić co najmniej 1,5 litra płynów dziennie. To wasz obowiązek. Ilość płynów nie podlega dyskusji z dwóch powodów:

Co pić?

Dozwolone są wszelkie rodzaje wód mineralnych, zwłaszcza wody lekko moczopędne, jak Contrexéville, Vittel, Evian lub Volvic. Dla seniorów najbardziej odpowiednia jest Contrexéville ze względu na zawartość wapnia i magnezu.

Jeśli nie lubicie wód niegazowanych, możecie pić gazowane, ponieważ gaz i bąbelki nie mają wpływu na przebieg diety. Unikajcie wód Vichy, Badoit czy San Pellegrino, które są doskonałe, ale zawierają zbyt wiele soli. Jedna szklaneczka, jeśli jesteście bardzo przyzwyczajeni, ale nie więcej.

Możecie pić napoje *light* (coca-colę *light*, coca-colę zero i inne).

Pamiętajcie również o herbacie, herbatkach ziołowych i kawie zbożowej.

Słodziki

Cukier jest zakazany, ale aspartam – dozwolony bez ograniczeń.
Uwaga: aspartam w proszku traci część swoich właściwości i smaku pod wpływem temperatury.
Nie należy go gotować.

• Trawienie protein związane jest z uwalnianiem dużych ilości ubocznych produktów przemiany materii w postaci kwasu moczowego. Aby go usunąć z organizmu, należy pić odpowiednią ilość wody.

• W trakcie diety wasz organizm będzie usuwał zmagazynowany tłuszcz. Woda pomoże mu w tej operacji. Pijąc dużo, zapewniacie swoim komórkom intensywny drenaż.

Nawet jeśli będziecie skrupulatnie przestrzegać pozostałych zaleceń diety, a nie będziecie pić odpowiedniej ilości wody, przestaniecie chudnąć. Uboczne produkty spalania kalorii nie zostaną usunięte, będą się gromadzić w organizmie.

Przyprawy i dodatki

Pełną listę dozwolonych i dopuszczalnych przypraw znajdziecie na str. 41.

• Sól

Jest dozwolona, ale należy ją stosować umiarkowanie, zwłaszcza jeśli cierpicie na zatrzymywanie wody w organizmie. Jeżeli przechodzicie menopauzę lub jesteście tuż przed tym okresem, unikajcie soli lub sięgnijcie po sól dietetyczną niskojodowaną.

• Olej

Niektóre oliwy, jak oliwa z oliwek, są znane z korzystnego wpływu na serce i układ krążenia. Musicie jednak pamiętać, że oliwy to czyste tłuszcze, nie ma więc dla nich miejsca w diecie proteinowej. Dopuszczalny jest za to olej parafinowy, na którym można przygotować sos winegret. Uwaga: oleju parafinowego nie należy gotować. Używajcie go ostrożnie, w małych ilościach, dodając do niego trochę niskozmineralizowanej wody, co ułatwia zrobienie emulsji i łagodzi silne właściwości przeczyszczające tego oleju. Przygotujcie winegret, mieszając następujące składniki: 1 część oleju parafinowego, 1 część wody gazowanej, 1 część musztardy, 1 lub 2 części octu winnego.

• Ocet

Wybierajcie ocet o ostrym smaku – na przykład ocet balsamiczny lub z Xeres – i unikajcie octów w promocyjnych cenach: dostępne są tanie octy balsamiczne, które zawierają karmel, a więc dużo cukru.

• Sok z cytryny

Można go stosować do przygotowania ryb i owoców morza, ale nie można go pić w postaci lemoniady (nawet bez cukru) ani wyciśniętego z cytryny, bo nie jest już wtedy przyprawą, lecz owocem – kwaśnym, ale zawierającym cukier, a więc niekompatybilnym z dietą proteinową.

• Musztarda

W fazie uderzeniowej powinna być stosowana z umiarem. Jeśli macie tendencje do zatrzymywania wody w organizmie, możecie używać musztardy niezawierającej soli.

• Cebula i korniszony

Dozwolone, jeśli będą używane w charakterze przyprawy. Jednak wychodzą poza ramy diety proteinowej, jeżeli będziecie je spożywać w takich ilościach, że należałoby je traktować jako warzywa. Uważajcie, by nie przekroczyć tej subtelnej granicy w restauracji.

• Zwykły ketchup

Jest niedopuszczalny – zawiera zarówno dużo soli, jak i cukru. Są jednak ketchupy dietetyczne, bez cukru, które w umiarkowanych ilościach mogą być stosowane.

Zioła i przyprawy

Tymianek, czosnek, pietruszka, cebula, szalotka, szczypiorek... – tak jak wszystkie przyprawy są nie tylko dopuszczalne, ale gorąco polecane. Wzbogacają smak potraw. Poczujecie się nasyceni i zadowoleni ze spożytego posiłku.

Co jeść w fazie 1?

Mięsa

Dozwolone	Zakazane
Eskalopki cielęce	Antrykot
Konina	Jagnięcina
Królik	Łata
Ligawa	Wieprzowina
Pieczeń cielęca	Żeberka wołowe
Polędwica wołowa	
Rostbef	
Stek mielony (maksymalnie 10% tłuszczu)	
Stek wołowy	
Żeberka cielęce (bez tłustej skóry)	

Podroby

Dozwolone	Zakazane
Nereczki cielęce	Ozorek wołowy
Ozorek cielęcy	
Ozorek jagnięcy	
Wątróbka cielęca	
Wątróbka drobiowa	

Wędliny

Dozwolone	Zakazane
Suszone mięso z Grisons	Surowa szynka
Szynka wieprzowa	Szynka wędzona
Szynka z indyka	
Szynka z kurczaka	

Ryby

Dozwolone	Zakazane
Barwena	Makrela w musztardzie
Czarniak	Sardynki w oleju
Dorada	Tuńczyk w oleju
Dorsz	
Gardłosz atlantycki	
Halibut	
Halibut wędzony	
Labraks	
Limanda (flądra)	
Łosoś	
Łosoś wędzony	
Łupacz	
Makrela	
Merlan	
Mieczyk	
Morszczuk	
Płaszczka	
Sardynka	
Sola	
Strzępiel	
Surimi	
Tępogłów	
Tuńczyk	
Tuńczyk w sosie własnym w konserwie	
Turbot	

Owoce morza

Dozwolone	Zakazane
Gambasy	
Homar	
Jeżokrab	
Jeżowiec	
Kalmar	
Krewetki różowe	
Krewetki szare	
Langusta	
Małż	
Mątwa	
Mięczak jadalny	
Omułek	
Ostrygi	
Ośmiornica	
Przegrzebki (muszle św. Jakuba)	
Rak	
Sercówka	
Trąbik (ślimak morski)	

Drób

Dozwolone	Zakazane
Bażant	Gęś
Gołąb	Kaczka
Indyczę	
Indyk	
Kura (bez skóry)	
Kurczak	
Kuropatwa	
Perliczka	
Przepiórka	
Stek ze strusia	

Jajka

Dozwolone	
Jaja kurze	
Jaja przepiórcze	

Nabiał

Dozwolone	Zakazane
Chude mleko	Sery żółte i wszelkie produkty z pełnego mleka
Chudy biały ser	
Chudy serek wiejski	
Jogurty naturalne i aromatyzowane słodzikiem bez tłuszczu	
Serki homogenizowane bez tłuszczu	
Serki topione w kostkach bez tłuszczu	

Co jeść w fazie 1?

Przyprawy

Dozwolone

Agar-agar (środek żelujący)
Algi morskie
Anyżek
Aromaty bez cukru
Bazylia
Chrzan
Cynamon
Cytryna (nie jako napój)
Czosnek
Estragon
Gałka muszkatołowa
Goździk
Imbir
Kakao bez tłuszczu
Kardamon
Ketchup dietetyczny
Kminek
Kolendra
Korniszony
Kostki rosołowe bez tłuszczu
Kurkuma
Mięta
Ostra papryka
Otręby owsiane
Papryka
Pieprz
Pietruszka
Rozmaryn
Słodziki
Soja
Sos pomidorowy i pomidory z puszki (koncentrat pomidorowy, przecier pomidorowy itp.)
Sos sojowy
Suszona cebula
Szafran
Świeża cebula
Trawa cytrynowa
Trybula
Wanilia (laski lub mielona, bez cukru)

Dopuszczalne

Harissa (ostra arabska pasta z chili i czosnku)
Kostki rosołowe
Majonez Dukana
Musztarda
Ocet winny
Odtłuszczona śmietana
Olej parafinowy
Sezam
Skrobia kukurydziana
Sos winegret Dukana
Sól

Zakazane

Cukier
Czekolada
Ketchup
Majonez
Masło
Oleje (słonecznikowy, z oliwek, rzepakowy, lniany itp.)
Oliwa
Orzechy arachidowe
Suszone owoce
Śmietana

Przepis na placek z otrąb owsianych

SKŁADNIKI

- 1 łyżka stołowa otrąb pszennych
- 2 łyżki stołowe otrąb owsianych
- 1 jajko lub samo białko
- 1 łyżka stołowa beztłuszczowego białego serka

Otręby pszenne i owsiane dokładnie wymieszać z chudym białym serkiem, jajkiem lub samym białkiem (w zależności od apetytu i konieczności zwracania uwagi na cholesterol). Całość usmażyć na patelni z powłoką zapobiegającą przywieraniu. Jeśli nie macie odpowiedniej patelni, możecie rozprowadzić na powierzchni patelni kroplę oliwy za pomocą papierowego ręcznika.

Śniadanie

Co jeść na śniadanie w fazie 1?

Możecie dowolnie wybierać produkty z listy zamieszczonej poniżej i przyrządzać sobie śniadanie wedle upodobań.

NAPOJE	NALEŚNIKI
Kawa	Placek z otrąb owsianych (maksymalnie 2 łyżki otrąb dziennie)
Odtłuszczone mleko	**MIĘSA I JAJKA**
Herbata, ziółka	Plaster chudego kurczaka
Kawa zbożowa z cykorią	Chuda szynka
NABIAŁ	Mięso z Grisons
Beztłuszczowy serek wiejski	Plaster chudego indyka
Beztłuszczowy twarożek	Jajecznica, jajko sadzone, na twardo, na miękko (z kawałkami piersi z kurczaka)
Beztłuszczowe serki homogenizowane	Omlet
Beztłuszczowe jogurty	

Jeśli rano nie jesteście w stanie nic przełknąć

W żadnym razie nie omijajcie posiłku: wypijcie coś ciepłego, poczekajcie godzinę, a potem zjedzcie śniadanie.

Jak poradzić sobie bez pieczywa?

Oczywiście śniadanie musi się składać wyłącznie z produktów występujących na naszej liście. Dlatego w proponowanych jadłospisach nie ma chleba, bułeczek ani rogalików. Jednak bez problemu znajdziecie produkty, które zaspokoją wasz głód – możecie spożywać bez żadnych ograniczeń wszelki chudy nabiał, jogurty słodzone aspartamem, jajka na miękko czy chudą szynkę z kurczaka bądź indyka. Będziecie czuli, że zjedliście pełne, sycące śniadanie trochę tak, jakbyście każdego ranka serwowali sobie angielski brunch.

Zresztą nowe menu będzie o wiele bardziej zrównoważone i da wam więcej energii niż tradycyjne śniadanie – rogalik czy czekoladowe płatki kukurydziane.

Placek z otrąb owsianych

Dla wielu moich pacjentów ranek to pora dnia, kiedy najtrudniej jest im obyć się bez pieczywa. Inni skarżą się na obstrukcję. Aby zaradzić tym niedogodnościom i pomóc wszystkim uzależnionym od smaku pieczywa, cierpiącym na zaparcia oraz niemogącym zaspokoić głodu, wymyśliłem przepis na placek z otrąb owsianych, który może być włączony do diety proteinowej.

Wszystko zaczęło się, kiedy opracowaną przeze mnie dietę zastosowała moja córka. Rankiem zawsze była straszliwie głodna i z wielkim trudem wytrzymywała do następnego, południowego posiłku. Zapytała mnie, co może zjeść rano, aby czuć się bardziej najedzona. Zajrzałem do szafek i zaimprowizowałem placek z otrąb owsianych, które przywiozłem ze Stanów Zjednoczonych. Uznała to za wyśmienite i bardzo sycące danie. Udoskonaliłem więc przepis i usystematyzowałem stosowanie otrąb w ramach mojej metody. Placek z otrąb owsianych jest bardzo bogaty w włókna rozpuszczalne. Liczne przeprowadzane w ostatnich latach badania udowodniły, że włókna rozpuszczalne, nasycając się wodą, formują w przewodzie pokarmowym rodzaj żelu, w którego wakuolach zostają uwięzione składniki odżywcze i część kalorii przechodzi wraz z żelem do kału. Ale uwaga, można jeść otręby pszenne lub owsiane tylko raz dziennie. Spożywanie otrąb kilka razy dziennie hamuje efekty diety proteinowej.

Korzystajcie z porannego efektu spalania tłuszczu

Jeśli nie dostarczymy organizmowi pożywienia, czerpie on energię z komórek tłuszczowych. Tak właśnie dzieje się rano, kiedy jesteście na czczo. Proces ten nosi nazwę lipolizy i „uruchamia się", kiedy wyczerpane są zapasy cukru, zwłaszcza w nocy. Ustaje, kiedy dostarczamy ciału energii, jedząc śniadanie. Oto dwie wskazówki pozwalające lepiej wykorzystać tę naturalną fazę spalania tłuszczu:

- Jeśli nie jesteście zbyt zmęczeni, zróbcie kilka porannych ćwiczeń jeszcze przed śniadaniem, bo wtedy organizm zaatakuje bezpośrednio „skórkę pomarańczową".

- Jedzcie śniadanie, ściśle przestrzegając zasad fazy 1: ciepły napój i proteiny, które nie zatrzymają procesu lipolizy i pozwolą wam korzystać z niego przez cały dzień.

Obiad

Co jeść na obiad w trakcie fazy 1?

Możecie przygotowywać przystawki, dania główne i desery, wykorzystując 72 produkty zawierające proteiny, wyliczone na str. 38. Jedzcie je do woli! Na str. 48 znajdziecie przykładowe menu na cały tydzień. Pamiętajcie, by w czasie posiłku pić wystarczająco dużo płynów. Możecie przygotować dzbanek zielonej herbaty albo pić do obiadu wodę gazowaną. Dozwolone są również kolorowe napoje gazowane *light*. Pamiętajcie o ziołach i przyprawach, aby urozmaicić smak waszych dań, i dbajcie o sposób podania potrawy – estetycznie podane danie zawsze lepiej smakuje. Zajrzyjcie na str. 32, aby sprawdzić, jak przygotować mięsa, i na str. 35, gdzie piszę, jak przyrządzać jajka. Jeśli nie macie czasu, by zrobić sos, możecie bez problemu dodać do potrawy ocet winny, pieprz, zioła czy aspartam.

Uwaga na najczęściej spotykane pułapki, które mogą zahamować efekty diety i spowodować zatrzymywanie wody w organizmie: ograniczcie sól, a także musztardę.

NAPOJE

- Woda gazowana i niegazowana
- Zielona herbata
- Napoje *light*

PRZYSTAWKI

- Jajka na twardo
- Surimi
- Chude wędliny: mięso z Grisons, odtłuszczone szynki
- Pierś kurczaka
- Makrela w białym winie
- Wędzony łosoś
- Krewetki
- Krab...

DANIA GŁÓWNE

- Grillowany kurczak
- Tatar
- Rostbef
- Pieczeń cielęca
- Stek z koniny
- Królik
- Wątróbka cielęca
- Ryba gotowana na parze
- Omlet
- Jajecznica...

DESERY

- Beztłuszczowy serek wiejski
- Beztłuszczowy twarożek
- Beztłuszczowy serek homogenizowany
- Beztłuszczowy jogurt
- Placek z otrąb owsianych (jeśli nie jedliście go już na śniadanie)
- Desery na bazie jajek (pływająca wyspa, jajeczny krem waniliowy)...

Zachowajcie strukturę posiłku

Należy zachować odpowiedni rytm posiłku, inaczej po kilku dniach poczujecie się sfrustrowani. Zasiadanie przy stole przed ciepłym obiadem czy kolacją to moment radosny i pokrzepiający. Oczywiście chwilowo wasze posiłki składają się wyłącznie z protein, ale szybko odkryjecie, że można przygotowywać smakowite dania z produktów wysokoproteinowych.
Postarajcie się, aby posiłek, który przygotowujecie (zgodnie ze swymi upodobaniami), składał się z przystawki, dania głównego i deseru.
Nie bójcie się modyfikować składu posiłków zależnie od apetytu. Jeśli na przykład nie jesteście zbyt głodni rano lub nie macie czasu na przygotowanie placka z otrąb na śniadanie, możecie go zjeść po południu jako deser po daniu głównym.

Czy mogę zjeść podwieczorek?

Jeśli odczuwacie głód, możecie sobie pozwolić na podwieczorek – oczywiście pod warunkiem że sięgniecie po coś z listy dozwolonych produktów.

Oto kilka pomysłów na prosty podwieczorek, który można zabrać ze sobą, wychodząc z domu:

- pałeczki surimi,
- jajka na twardo,
- beztłuszczowy jogurt,
- mięso z Grisons,
- plasterki chudej szynki z indyka lub kurczaka,
- kawa albo herbata bez cukru, ale może być ze słodzikiem.

Dbajcie o siebie

Nie jedzcie kolacji zbyt późno, aby organizm miał czas na jej strawienie. Dzięki temu łatwiej będzie wam zasnąć. Zadbajcie o estetykę, nawet jeśli jecie sami, i nakryjcie pięknie do stołu. Ładna zastawa, obrus – musicie mieć wrażenie, że każdy posiłek jest wyjątkowy. I nie spieszcie się! Po 20 minutach smakowania jedzenia głód zanika. Jeśli będziecie jeść zbyt szybko, wstaniecie od stołu z poczuciem, że wasz żołądek jest ciągle pusty.

Kolacja

Co jeść na kolację w trakcie fazy 1?

Wskazane jest, aby na kolację zjeść danie na ciepło (zwłaszcza jeśli rozpoczęliście dietę w zimie). Dzięki temu poczujecie się nasyceni i będziecie mieli świadomość, że zjedliście prawdziwy, pełnowartościowy posiłek. Możecie jeść takie same dania jak te, które jedliście na obiad, i powinniście zachować taką samą strukturę posiłku: przystawka, danie główne, deser. Aby łagodnie zakończyć kolację, możecie zaparzyć sobie herbatkę ziołową albo kawę zbożową, która dostarczy wam niezbędnej w tej diecie wody i sprawi, że poczujecie się naprawdę syci.

NAPOJE
- Woda gazowana i niegazowana
- Herbata ziołowa
- Kawa zbożowa

PRZYSTAWKI
- Jajka na twardo
- Surimi
- Chude wędliny: mięso z Grisons, odtłuszczone szynki
- Pierś kurczaka
- Makrela w białym winie
- Wędzony łosoś
- Krewetki
- Krab...

DANIA GŁÓWNE
- Grillowany kurczak
- Tatar
- Rostbef
- Pieczeń cielęca
- Stek z koniny
- Królik
- Wątróbka cielęca
- Ryba gotowana na parze
- Omlet
- Jajecznica
- Suflet z kurczaka...

DESERY
- Beztłuszczowy serek wiejski
- Beztłuszczowy twarożek
- Beztłuszczowy serek homogenizowany
- Beztłuszczowy jogurt
- Placek z otrąb owsianych (jeśli nie jedliście go już wcześniej)
- Desery na bazie jajek (pływająca wyspa, jajeczny krem waniliowy, budyń itp.)...

Nie podjadajcie między posiłkami!

Pora kolacji to często dosyć trudny moment, bo wtedy wracacie do domu zmęczeni. Macie ochotę coś schrupać w trakcie przygotowywania posiłku? Nauczcie się rozpoznawać swoje zwyczaje i potrzeby. Jeśli pora

kolacji jest najtrudniejszym momentem waszego dnia (wracacie z pracy, musicie przygotować posiłek dla dzieci), oto sztuczka, która pozwoli wam przejść ten trudny etap: usmażcie placek z otrąb owsianych i pogryzajcie go w trakcie przygotowywania kolacji. Ale pamiętajcie, że w takim wypadku nie macie prawa do spożywania placka w innym momencie dnia.
Z pewnością zasiądziecie do kolacji z całą rodziną. Będziecie musieli omijać niedozwolone produkty, patrząc, jak wasze dzieci pochłaniają ze smakiem spaghetti. Aby nie poddać się pokusie, przed kolacją zjedzcie podwieczorek. Nie siadajcie do stołu ze ściśniętym z głodu żołądkiem, bo to najprostsza droga do zniweczenia działania diety.
Starajcie się także gotować dla rodziny potrawy, za którymi sami specjalnie nie przepadacie. Nie lubicie ryżu? Ugotujcie go, łatwiej wam będzie mu się oprzeć. Jeśli kochacie chleb i ser, nie kuście diabła (i siebie) i zaserwujcie rodzinie na deser jogurt. I koniecznie włączcie do wspólnego menu elementy waszej diety: kurczak jako danie główne, ryby, beztłuszczowe twarożki... W ten sposób będziecie mieć wrażenie, że uczestniczycie w rodzinnym posiłku, nawet jeśli nie możecie jeść niektórych produktów.

PRZYKŁADOWY JADŁOSPIS W FAZIE 1 (UDERZENIOWEJ)

	Różowe krewetki	Produkty mleczne	Lody z musli (patrz str. 216)
	PONIEDZIAŁEK	**WTOREK**	**ŚRODA**
Śniadanie	> Ciepły napój > Beztłuszczowy serek wiejski > 2 plastry chudego kurczaka	> Ciepły napój > Beztłuszczowy twarożek > Omlet	> Ciepły napój > Beztłuszczowy serek homogenizowany > 2 plastry mięsa z Grisons
Obiad	> Roladki z mięsa z Grisons z beztłuszczowym serkiem > Tatar > Beztłuszczowy jogurt	> Krewetki w sosie sojowym > Dorsz w szafranie > Krem waniliowy	> Pierś kurczaka > Mięsne pulpety z ziołami > Lody z musli (patrz str. 216)
Podwieczorek	> Placek z otrąb owsianych (patrz str. 42)	> Kawa lub herbata bez cukru > Owsianka (2 łyżki stołowe otrąb owsianych)	> Jajka na twardo
Kolacja	> Różowe krewetki i małże > Kawałki kurczaka w occie z cydru > Kogel-mogel	> Jajka marmurkowe > Duszone eskalopki z kurczaka > Galaretka	> Roladki z wędzonego łososia z beztłuszczowym serkiem topionym > Pieczeń cielęca z papryką > Krem cynamonowy

Pamiętajcie o 2 łyżkach stołowych otrąb owsianych dziennie.

Jajecznica z kawiorem z łososia (patrz str. 132)	Suszone mięso z Grisons	Placek z otrąb owsianych (patrz str. 42)	Omlet z miętą i curry (patrz str. 174)
CZWARTEK	**PIĄTEK**	**SOBOTA**	**NIEDZIELA**
> Ciepły napój > 1 beztłuszczowy jogurt > 2 plasterki chudej szynki	> Ciepły napój > Beztłuszczowy twarożek > Jajecznica	> Ciepły napój > Beztłuszczowy serek homogenizowany > 1 placek z otrąb owsianych (patrz str. 42)	> Ciepły napój > 1 beztłuszczowy jogurt > 1 jajko na miękko z kawałeczkami kurczaka
> Jajecznica z kawiorem z łososia (patrz str. 132) > Grillowany okoń > Krem waniliowy	> Mus z łososia > Mątwa w sosie pietruszkowym > Pływająca wyspa kawowa	> Kawior z tuńczyka z beztłuszczowym serkiem topionym > Eskalopek z indyka w jogurtowym sosie z curry > Mus cytrynowy	> Bulion z łososia > Omlet z miętą i curry (patrz str. 174) > Krem Bavarois
> Pałeczki surimi > 1 placek z otrąb owsianych (patrz str. 42)	> 2 beztłuszczowe jogurty z 2 łyżkami stołowymi otrąb owsianych i słodzikiem	> Mięso z Grisons	> Kawa lub herbata bez cukru
> Makrela w białym winie > Smażona wątróbka cielęca z octem winnym z Xeres > Beztłuszczowy serek homogenizowany	> Mięso z Grisons > Królik w musztardzie > Beztłuszczowy twarożek	> Tuńczyk z puszki w sosie własnym > Smażone owoce morza > Beztłuszczowy jogurt	> Sakiewki z wędzonego łososia z twarożkiem > Wołowina w sosie musztardowym > Krem jajeczny

Moja dieta na co dzień (faza 1)

W domu z rodziną

Podczas stosowania diety będzie na was czyhać wiele pokus, szczególnie gdy macie dzieci. Aby im nie ulec, zwłaszcza w fazie uderzeniowej, możecie zdecydować, że dzieci będą jadły osobno, a dopiero gdy one zjedzą, przyrządzicie coś dla siebie. Prostszym rozwiązaniem może być przygotowywanie osobno dań proteinowych i innych (kurczak w jednym garnku, warzywa w innym). Dzięki temu będziecie mogli nałożyć sobie na talerz tylko to, co wam odpowiada, nie zakłócając normalnego przebiegu posiłku. Pamiętajcie, by zwiększyć ilość przygotowywanego mięsa: nałóżcie sobie tyle, by zachować ten sam rytm jedzenia co pozostali. W ten sposób unikniecie pytań dzieci zdziwionych, że wasz talerz jest w połowie pusty. Przygotujcie z wyprzedzeniem jadłospisy „do szuflady", które możecie w każdej chwili wykorzystać. Na przykład jeśli wasze dzieci uwielbiają jajka na miękko, ugotujcie na śniadanie też jajko dla siebie, a na stole połóżcie oprócz tego szynkę i chleb. Wy zjecie jajka z szynką, a wasze dzieci zjedzą je dodatkowo z chlebem.

Przyjęcie

Jeśli przyjęcie odbywa się u was, przygotujcie przekąski, którymi będziecie mogli się częstować, nie łamiąc zasad diety: krewetki, pałeczki surimi, koreczki z szynki z indyka. Przygotujcie także wodę gazowaną lub coca-colę *light*, abyście mogli zaspokoić pragnienie i nie skusili się na alkohol albo sok owocowy. Napełnijcie sobie szklankę i pilnujcie, aby nigdy nie była pusta – w ten sposób zniechęcicie zbyt uprzejmych gości, którzy zapragną nalać wam odrobinę szampana albo wina.
Jeśli to wy jesteście gdzieś zaproszeni, sytuacja jest trudniejsza, ale można sobie z nią poradzić. Przed udaniem się do przyjaciół zjedzcie sycący posiłek. W fazie uderzeniowej, kiedy warzywa są zakazane, może się zdarzyć, że żadnej z podanych przekąsek nie będziecie mogli zjeść. W takim wypadku poproście o dużą szklankę wody gazowanej i cały czas trzymajcie ją w ręku. Będziecie mieć pretekst, by odmówić sięgania do krążących wśród gości półmisków.

W restauracji

Posiłek w lokalu to jedna z sytuacji, w których najłatwiej zachować dietę proteinową. Po przystawce, na przykład jajku w galarecie, plasterku wędzonego łososia lub półmisku owoców morza, można wybierać między wołowym rumsztykiem, grillowaną polędwicą, żeberkiem cielęcym, rybą lub drobiem. Czekając na zamówione dania, pamiętajcie, by nie podjadać zabronionych produktów. W fazie uderzeniowej nie należy spożywać korniszonów w dużych ilościach i pamiętać, że musztarda jest zbyt słona. Mówiąc krótko: jeśli przeczuwacie, że żołądek ściśnie się wam z głodu z powodu zbyt długiego oczekiwania, przekąście coś przed pójściem do restauracji, może to być surimi albo jajko na twardo.

Trudności mogą się pojawić po daniu głównym, kiedy miłośnik słodyczy lub serów stanie przed pokusą zamówienia deseru. Najlepszą strategią obrony przed takimi pokusami jest zamówienie kawy, a jeśli rozmowa przy stole się przedłuża, można zamówić następną. Możecie też trzymać w biurze lub w samochodzie naturalne jogurty, które pozwolą wam zakończyć posiłek smacznym i świeżym deserem.

Jedzcie dużo i urozmaicajcie swoje posiłki!

Testujcie i próbujcie produkty wskazane na liście! W pierwszych dniach diety będziecie zapewne sięgać po te, które dobrze znacie. Ale ta kuracja jest również okazją do odkrycia nowych smaków: idźcie do pobliskiego sklepu mięsnego lub rybnego i nie wahajcie się spróbować ryby, której nie było wśród kupowanych przez was dotychczas, albo mięsa, którego próżno szukać w hipermarkecie.

Pytania – odpowiedzi

Czy w czasie fazy uderzeniowej należy przyjmować witaminy?

→ Jeśli czas trwania kuracji proteinowej nie jest długi, przyjmowanie witamin nie jest konieczne. Jeżeli natomiast zakładacie, że kuracja będzie długotrwała, możecie przyjmować codziennie multiwitaminy, ale unikajcie zbyt dużych dawek – nadmiar witamin może się okazać toksyczny. Lepiej przyrządzić sobie dwa razy w tygodniu porcję wątróbki cielęcej i każdego ranka zjeść łyżkę drożdży piwnych. A kiedy tylko warzywa znów będą dozwolone, przygotujcie sobie dużą sałatkę z zielonej sałaty, surowej papryki, pomidorów, marchewki i cykorii.

Czy mogę żuć gumę miętową, aby uspokoić głód?

→ Gumy do żucia mogą się okazać niezwykle pomocne, zwłaszcza osobom przyzwyczajonym do podjadania między posiłkami. Uważam gumy do żucia za doskonałą broń w walce z nadwagą. Nie wahajcie się sięgnąć po 4–5 drażetek natychmiast po ostatnim kęsie kolacji. Ustrzeże was to przed zaglądaniem do szafek z jedzeniem.

Czy należy pić w trakcie posiłku?

→ Zaniedbując picie do posiłku, narażamy się na zapominanie o piciu w ogóle. A trzeba pamiętać, że picie przy jedzeniu zwiększa objętość kęsa pokarmowego i daje uczucie sytości, a nawet przepełnienia żołądka. Ponadto woda rozpuszcza pokarmy, spowalnia proces ich przyswajania i przedłuża uczucie sytości.

Nie potrafię wypić tak dużej ilości płynów. Co robić?

→ Ilość płynów wydaje się wam niemożliwa do wypicia? Nie zapominajcie, by wliczyć w codzienną dawkę płynów także kawę, herbatę i wszelkie inne napary, które pijecie. Zobaczycie, że wbrew pozorom łatwo osiąga się wyznaczone minimum. Pomyślcie także o tym, żeby pić wodę lub dozwolone napoje, aby oszukać głód i by zwiększyć uczucie sytości.

Czy mogę uprawiać sport w fazie uderzeniowej?

→ Wszystko zależy od liczby kilogramów, które chcecie zrzucić, waszego wieku i zdrowia.

→ Jeśli macie dużo kilogramów do zrzucenia, zarówno w fazie uderzeniowej, jak i w fazie równomiernego rytmu nie powinniście zbyt forsownymi ćwiczeniami obciążać serca, układu krążenia, stawów biodrowych i kolanowych oraz kręgosłupa.

→ Jeśli macie powyżej 55 lat, aktywność fizyczną zacznijcie zwiększać stopniowo. Uważajcie na siebie tym bardziej, im więcej kilogramów macie do zrzucenia.

→ Jeśli nie jesteście zbyt zaawansowani wiekowo ani zbyt otyli, możecie wykonywać wszelkie ćwiczenia. Jednak w fazie uderzeniowej spadek wagi bywa tak szybki, że w połączeniu z intensywnym wysiłkiem fizycznym może doprowadzić do dużego zmęczenia i wyraźnego obniżenia formy, a to powoduje spadek motywacji. Ale jest taki rodzaj aktywności, który nie stwarza tych problemów: marsz. Według mnie to najlepszy i najprostszy rodzaj ćwiczeń. Marsz jest naturalny i łatwy, można go wykonywać wszędzie, o każdej godzinie dnia, bez względu na to, ile się waży, bez żadnego specjalnego sprzętu, nawet na obcasach. Nie zmęczy was za bardzo, nie spowoduje kontuzji, nic nie kosztuje, a jest niezwykle korzystny.

Bilans fazy 1

Udało się! Zakończyliście pierwszy etap kuracji! Czas zatem podsumować wyniki: zarówno wasze samopoczucie, jak i liczbę zrzuconych kilogramów.

Straciliście dużo kilogramów w krótkim czasie

Ponieważ pierwsza faza diety jest dosyć gwałtowna, mogliście łatwo stracić 2–3 kilogramy w 5 dni. Jednak osoba bardzo otyła będzie na początku chudła szybciej niż osoba o niewielkiej nadwadze, która chce tylko wysmuklić sylwetkę przed wakacjami. Osoby otyłe mogą stracić nawet 5 kilogramów.

Nie schudliście tak szybko, jak zakładaliście

Może to być spowodowane miesiączkowaniem, które u większości kobiet wiąże się z zatrzymywaniem wody w organizmie. Jeśli jest tak w waszym przypadku, spróbujcie ograniczyć do minimum sól i trochę mniej pić. Osiągniecie oczekiwaną wagę kilka dni po rozpoczęciu miesiączki.
Jeśli problem nie jest związany z cyklem miesięcznym, zastanówcie się nad waszą dietą. Czy dokładnie przestrzegaliście jej zasad? Jeśli tak, to może jesteście szczególnie trudnym przypadkiem. Może stosowaliście już wiele diet albo macie silne skłonności dziedziczne do nadwagi, a może jesteście w okresie premenopauzy, a wasza gospodarka hormonalna jest rozregulowana, lub przechodzicie kurację antydepresyjną czy leczycie się kortyzonem.

Cierpieliście na zaparcia

Proteiny rzeczywiście zawierają bardzo mało włókien, a brak tłuszczu zmniejsza naoliwienie przewodu pokarmowego. Pijcie więcej wody.

Czuliście się trochę zmęczeni

Czujecie, że dieta was zmęczyła? Nie byliście zmęczeni przed jej rozpoczęciem?
Jest to dosyć rzadkie, ale zdarza się. Może zbyt mało jedliście? Nie zapominajcie, że nie ma żadnych ograniczeń ilościowych. Mięso jest najlepszym naturalnym środkiem na zmęczenie, zwłaszcza chude czerwone mięso wołowe, na przykład stek.

Zmęczenie związane z solą i wodą

Sól ma wpływ na ciśnienie tętnicze. Jedzenie pozbawione soli powoduje spadek ciśnienia. Zwiększona ilość wody (jeśli pijecie ponad 2 litry dziennie) daje taki sam efekt. Woda oczyszcza krew i obniża ciśnienie. Najgorsze jest połączenie obydwu czynników. Spróbujcie nie pić zbyt dużo wieczorem, abyście nie musieli wstawać w nocy do ubikacji, bo brak snu dodatkowo spotęguje zmęczenie. Jeśli zmęczenie nie ustępuje, zmierzcie ciśnienie u lekarza rodzinnego i powiedzcie mu, że zazwyczaj dieta, którą stosujecie, nie powoduje zmęczenia.

Faza uderzeniowa w skrócie...

Możecie spożywać 72 produkty bogate w proteiny, ale nic poza tym.

Ten etap może trwać od 1 do 10 dni.

Skoncentrujcie się na dozwolonych produktach i zapomnijcie o pozostałych.

Macie prawo jeść proteiny do woli.

Musicie pić co najmniej 1,5 litra wody dziennie. To wasz obowiązek.

Skuteczność diety zależy od wypicia odpowiedniej ilości wody.

8 kategorii dozwolonych pokarmów:

- chude mięsa: cielęcina, wołowina (z wyjątkiem antrykotu i żeberek wołowych), konina,
- niektóre podroby: wątróbka i ozorek,
- wszystkie ryby,
- wszystkie owoce morza,
- wszelkie rodzaje drobiu bez skóry (kaczka i gęś zabronione),
- wszystkie chude szynki (z piersi indyka, chuda szynka wieprzowa),
- jajka,
- chudy nabiał.

Do przyprawiania dań możecie używać tylko:

- octu winnego,
- ziół,
- przypraw,
- aromatów,
- kilku kropli soku z cytryny.

Możecie także korzystać z umiarem z soli i musztardy.

Aby dieta była maksymalnie przyjemna, nie musicie ograniczać ilości jedzenia.

Aby dobrze się czuć, jedzcie do woli i urozmaicajcie wasze menu.

Przez pierwsze dni diety nie łamcie jej nakazów.

W tej fazie, która nie trwa długo, a ma zaskoczyć wasz organizm, przestrzegajcie skrupulatnie wszelkich jej zaleceń.

Macie prawo do 1 lub 2 łyżek stołowych otrąb owsianych dziennie, zwłaszcza pod postacią placków.

FIN

Faza 2:
równomierny rytm

Przejdźcie od 72 do 100 produktów, które możecie jeść do woli, aż do uzyskania upragnionej wagi.

Cele fazy 2

Regularna utrata wagi

Po 5 dniach fazy uderzeniowej sami z pewnością stwierdzicie, że coraz bardziej odczuwacie brak świeżych warzyw i zieleniny w waszym jadłospisie. Z łatwością więc wejdziecie w drugą fazę kuracji, w której będą następować po sobie naprzemiennie dni diety czysto proteinowej i dni diety, w której proteiny połączone zostaną z warzywami.

Utrata wagi rozłożona w czasie

W czasie kuracji naprzemiennej zauważycie, że wasza waga spada wolniej. To spowolnienie jest zupełnie normalne – wasz organizm musi się przyzwyczaić do nowego etapu, aby wejść w długotrwałą kurację. Nie martwcie się, spadek wagi związany ze spalaniem tkanki tłuszczowej ciągle postępuje, choć został zakamuflowany przez zwiększone zatrzymywanie wody w organizmie.

Długość tej fazy zależy od liczby kilogramów, które chcecie zrzucić. Będzie trwała tak długo, aż osiągniecie upragnioną wagę.

Stopniowa utrata kilogramów

Z mojego doświadczenia wynika, że jeśli macie do zrzucenia ponad 20 kilogramów, to średni spadek wagi wynosi około 1 kilograma na tydzień. Oczywiście w trakcie pierwszej fazy zrzuciliście o wiele więcej i szybciej. Dlatego w ciągu dwóch miesięcy, wliczając pierwszą i drugą fazę, możecie liczyć na utratę 10 kilogramów. Następnie zaobserwujecie, że krzywa chudnięcia powoli opada, ponieważ wasz organizm uruchomi w fazie utrwalania wagi mechanizmy obronne. Jednak jeśli będziecie skrupulatnie przestrzegać reguł kuracji, nie powinniście napotkać żadnych przeszkód w pozbywaniu się nadwagi.

Rytm schodkowy

Do tej pory spadek wagi był spektakularny, a teraz nagle wskazówka wagi zdaje się stać w miejscu. Wraz z wprowadzeniem do diety warzyw do waszego organizmu powróci woda sztucznie usunięta, gdy jedliście wyłącznie proteiny. Faza naprzemienna bardziej sprzyja zatrzymywaniu wody w organizmie niż faza uderzeniowa. Oczywiście natychmiast po zastosowaniu diety opartej wyłącznie na czystych proteinach z radością odkryjecie, że wskazówka wagi znów odchyla się w lewo, i będziecie mieć wrażenie, że wasza kuracja przypomina schodzenie po schodach: zastój wagi, spadek, zastój, spadek. Zaufajcie tej metodzie, a bez problemu osiągnięcie upragnioną wagę.

Warzywa – tak, ale pod pewnymi warunkami...

Jeśli będziecie wybierać wyłącznie warzywa z listy, macie prawo spożywać je w dowolnej ilości i w dowolnej formie, surowe lub gotowane. Możecie zajadać się nimi o dowolnej porze dnia, kiedy tylko chcecie. Dokładnie przestrzegajcie zasad przygotowania warzyw, aby nie zwiększyć ilości spożywanego tłuszczu, który musi być ograniczony do minimum.

Zasady fazy 2

Wprowadzenie warzyw po etapie kuracji uderzeniowej wnosi do diety świeżość i różnorodność. Sprawia, że dieta staje się łatwiejsza w przestrzeganiu i przyjemniejsza. W tej fazie warto zaczynać posiłek od dobrze przyprawionej, pysznej i kolorowej sałatki, a zimą lub wieczorami od zupy, następnie przejść do dania głównego złożonego z mięsa lub ryby duszonej z warzywami, ziołami i przyprawami. Zakończyć zaś mlecznym deserem albo dwoma lub trzema!

Rytm naprzemienny: czyste proteiny, a po nich proteiny + warzywa

W czasie 2 fazy waszej kuracji będziecie stosować dietę opartą na czystych proteinach naprzemiennie z dietą opartą na proteinach i warzywach aż do uzyskania upragnionej wagi.

Rytm wymiany tych dwóch diet nie jest jednakowy dla każdego. Musimy wziąć pod uwagę wiele parametrów, w tym wiek, tranzyt jelitowy, liczbę kilogramów do zrzucenia, sprawność fizyczną oraz pociąg do mięsa i warzyw. Rytm diety może wyglądać następująco: 1 dzień czystych protein / 1 dzień proteiny + warzywa albo dojść do liczby 5 dni protein / 5 dni proteiny + warzywa. Niżej opisuję, jaki system wybrać.

Jakikolwiek jednak rytm wybierzemy, wciąż aktualna jest zasada, że nie obowiązują żadne ograniczenia ilościowe dotyczące liczby spożywanych protein i warzyw. Stwierdzenie „można jeść do woli" jest jednym z fundamentów mojej metody. Lista dozwolonych produktów się nie zmienia (patrz str. 38).

Jeść do woli, aby wytrwać

Totalna wolność co do ilości spożywanych pokarmów ma sens i odgrywa ważną rolę w walce z uczuciem głodu, pokusami i nieodpartą ochotą podjadania między posiłkami, ale nie może być zwykłą zabawą albo sposobem na nudę.

Znam pacjentów, którzy ciągle coś podjadają, choć nie są wcale głodni, zupełnie jakby żuli gumę. Uważajcie na podobną pokusę – warzywa nie są nieszkodliwe. Jedzcie je aż do całkowitego zaspokojenia głodu, ale nie więcej. To zalecenie w niczym nie zmienia zasady braku ograniczeń ilościowych, która jest podstawą tej diety. Jakakolwiek będzie ilość przyswojonych pokarmów, spadek wagi się utrzyma, ale jeśli będzie ich więcej, waga będzie spadać w mniej jednostajnym rytmie, a to mniej motywuje do kontynuowania diety.

Niebezpieczeństwa, których należy unikać

• Zniechęcenie spowodowane spowolnieniem spadku wagi

Po wprowadzeniu warzyw pacjenci, którzy dotychczas skrupulatnie przestrzegali zasad diety, niekiedy zaczynają sobie pozwalać na drobne od niej odstępstwa. Jest to często związane z naturalnym zahamowaniem szybkości spadku wagi, która w fazie uderzeniowej była niezwykle duża.

To spowolnienie jest zupełnie normalne i doszłoby do niego tak czy inaczej, nawet gdybyście kontynuowali dietę czysto proteinową. Wpływ na to mają dwa połączone ze sobą czynniki. Po pierwsze, organizm zaskoczony zmasowanym atakiem protein nie potrafi skutecznie się obronić przed siłą kuracji i łatwo poświęca swoje zapasy tłuszczu. Tłuszcz jest bardzo ulotny, łatwo go spalić i łatwo go z powrotem zmagazynować. Po drugie, kuracja proteinowa ułatwia usuwanie wody z tkanek. Oznacza to, że wraz ze spalonym tłuszczem z organizmu jest również usuwana woda. A 1 litr wody waży 1 kilogram! Jednak po kilku pierwszych dniach kuracji oba czynniki odpowiedzialne za natychmiastowy spadek wagi zmniejszają siłę oddziaływania. I po trzecie, warzywa w jadłospisie to czynnik powodujący spowolnienie działania diety. Rozpoczynacie nową walkę, o wiele bardziej zażartą i, niestety, długotrwałą.

• Tylko warzywa

Nasza metoda opiera się na całkowitej wolności wyboru spośród dozwolonych produktów i dowolności w ilości spożywanych potraw. Nie popełnijcie jednak błędu polegającego na odżywianiu się wyłącznie warzywami. Z niedoborem protein wiąże się bowiem poważne niebezpieczeństwo. Jakie? Brak niezbędnych do życia białek, których ludzki organizm nie potrafi syntetyzować, zmusi go do czerpania ich z własnych mięśni, skóry i włosów. To, że warzywa zostają włączone do diety, nie oznacza, że mają zastąpić mięsa i ryby – mają być do nich dodatkiem. Na str. 67 znajdziecie listę warzyw, które możecie jeść w tej fazie diety. Uwaga: tak samo jak w fazie uderzeniowej przestrzegajcie reguł diety i uznajcie, że wszystko to, co nie jest wymienione na liście, jest zakazane.

Co zrobić, jeśli przerwało się kurację?

Kuracja odchudzająca to cząstka życia skazana na liczne przeszkody i trudności. Możecie być znużeni dietą i stracić motywację. Jesteśmy tylko ludźmi, czasem zmęczonymi i słabymi. Możecie być poddani presji, znajdować się pod wpływem stresu, skazani na dokonywanie trudnych wyborów. Jesteśmy tylko ludźmi, którzy często muszą ugiąć się przed koniecznością. Możecie podróżować, wyjechać i nagle znaleźć się w warunkach zupełnie odbiegających od tych, w których rozpoczynaliście dietę, i musicie ją przerwać. W takim wypadku trzymajcie się nieprzekraczalnej zasady: przerwijcie dietę, ale przestrzegając protokołu wyjścia! Najgorszym rozwiązaniem byłoby rzucenie diety. Taka ucieczka zniweczyłaby owoce waszych starań. Jakakolwiek była liczba zrzuconych kilogramów, należy tę nową wagę zachować i ochraniać. Jeśli musicie przerwać dietę, przejdźcie do fazy 3 (której jeszcze nie znacie) – fazy utrwalania (patrz str. 85). To niezbędny etap pomiędzy ostrą kuracją a jej zaprzestaniem.

Rytm naprzemienny

Konieczna zmiana

Kuracja naprzemienna, korzystając z impetu i szybkości działania fazy 1, uderzeniowej opartej tylko na czystych proteinach, ma nas doprowadzić do upragnionej wagi. W całej metodzie zajmuje ona znaczną część czasu poświęconego *stricte* na utratę wagi.

Rytmiczne dodawanie warzyw do spożywanych produktów zmniejsza siłę oddziaływania białek. Jest to efekt właściwy i pożądany. Nie można wciąż podtrzymywać szybkiej utraty kilogramów. Byłoby to bezproduktywne, gdyż spowodowałoby silny opór organizmu. Każda dobra kucharka wie, że próba wyciśnięcia całej cytryny za jednym razem nie przyniesie rezultatów, lepiej odłożyć owoc na chwilę, by potem lepiej go wycisnąć. Kuracja uderzeniowa jest jak ofensywa armii, atak z zaskoczenia, po którym wojsko musi umocnić się na zdobytych pozycjach i nabrać sił do kontynuowania walki.
Ponadto organizm potrzebuje świeżych warzyw – pełnych witamin i włókien pokarmowych niezbędnych do dobrego funkcjonowania układu pokarmowego.

Jaki rytm nadać kuracji naprzemiennej?

Są dwa podstawowe rytmy kuracji naprzemiennej i dwa stosowane rzadziej, w nietypowych przypadkach.

• 5 dni czystych protein (P), 5 dni proteiny + warzywa (PW)

Jest to trudny rytm, czasem nawet zbyt trudny. Wymaga bardzo silnej motywacji. 5 dni bez warzyw może się wydawać okresem bardzo długim.

• 1 dzień czystych protein (P), 1 dzień proteiny + warzywa (PW)

Niegdyś zwykle zalecałem pacjentom rytm 5/5, później zdałem sobie sprawę, że rytm 1/1 bardzo często dawał podobne efekty, a nie wywoływał frustracji powodowanej pięciodniowym brakiem warzyw i nie powodował zniecierpliwienia. Dlatego taki właśnie rytm wam polecam.

• 2 dni czystych protein (P), 5 dni proteiny + warzywa (PW)

To rzadziej stosowany rytm, który lepiej odpowiada osobom słabym, wrażliwym, w bardziej zaawansowanym wieku (powyżej 70 lat), a przede wszystkim tym, którzy mają niewiele kilogramów do zrzucenia. Powinien być także stosowany przez osoby, którym zależy na bardzo powolnym spadku wagi. Zdarzają się takie osoby i taki rytm pasuje im najlepiej.

• 2 dni czystych protein (P) i 5 dni zwyczajnego odżywiania, bez specjalnej diety

Innym wariantem rytmu 2/5 jest rytm 2/0, czyli 2 dni diety proteinowej i 5 zwykłych dni, bez specjalnej diety, ale też bez zbytnich ekscesów. Kuracja oparta na takim rytmie jest doskonała dla kobiet cierpiących na cellulit, często bardzo szczupłych w górnych partiach ciała, w ramionach, biuście czy na twarzy, ale obdarzonych krągłymi biodrami i udami. Rytm ten pozwala, zwłaszcza w połączeniu z leczeniem miejscowym (np. mezoterapią), na osiągnięcie najlepszych rezultatów w „gubieniu" centymetrów w wybranych dolnych partiach ciała, oszczędzając jego górne partie.

Należy pamiętać, by zabiegi antycellulitowe były wykonywane w dni diety proteinowej, co pozwoli zaatakować oporną tkankę tłuszczową, uwolnić kalorie i spalić tłuszcz.

Jedzcie zimne posiłki, a szybciej schudniecie

Czy wiecie, że kiedy jecie zimne danie, wasz organizm, aby móc je strawić i przyswoić, musi najpierw ogrzać pokarm do swojej wewnętrznej temperatury? Nic nie przeniknie do waszej krwi bez wcześniejszego ogrzania. Ogrzanie pokarmu wymaga spalenia wielu kalorii, a te „nie wchodzą" do wartości kalorycznej spożytego posiłku.

Jedzenie zimnych posiłków nie jest proste, zwłaszcza zimą. Ale zawsze możecie pić zimne napoje. Woda trzymana w lodówce ma 4°C, kiedy ją wypijecie i wydalicie z moczem, ma 35°C, a więc organizm podniósł jej temperaturę o 31°C. Ogrzewając wodę, spalił kalorie. Oczywiście nie spalił ich dużo, ale w ostatecznym rachunku wszystko się liczy. Jeśli lubicie zimną wodę, pijcie ją; jeżeli dotąd tego nie robiliście, spróbujcie.

Co jeść w fazie 2?

W trakcie kuracji naprzemiennej macie prawo do spożywania 100 produktów bez jakichkolwiek ograniczeń ilościowych, o każdej porze dnia i w dowolnych zestawieniach.

W dni stosowania diety opartej na **czystych proteinach (P)** korzystajcie z listy produktów dozwolonych w fazie 1, wyszczególnionych na str. 38.

W dni diety opartej na **proteinach** w połączeniu z **warzywami (PW)** korzystajcie z poniższej listy warzyw, które możecie jeść do woli, surowe albo gotowane. Tylko nie zapomnijcie dodać do nich protein…

Dozwolone		**Dopuszczalne**	**Zakazane**
Bakłażan	Ogórek	Burak	Awokado
Biała kapusta	Papryka	Marchewka	Biała fasola
Boćwina	Pieczarka		Bób
Brokuł	Pomidory		Ciecierzyca
Brukselka	Por		Groch
Cebula	Roszponka		Groch suszony
Cukinia	Rzepa		Groch zwyczajny
Cykoria	Rzodkiewka		Kukurydza
Czerwona kapusta	Sałata karbowana		Ryż
Dynia	Sałata zielona		Salsefia
Fasolka szparagowa	Seler		Soczewica
Kalafior	Serce palmy		Zielony groszek
Kalarepa	Soja		Ziemniaki
Koper włoski	Szparag		
	Szpinak		

Jak przyrządzić warzywa?

Na surowo

Wszyscy ci, którzy nie mają problemów z trawieniem surowych warzyw, powinni jak najczęściej spożywać je na surowo, ponieważ gotowanie pozbawia je znacznej części witamin.

Jednym z poważniejszych problemów dietetyki odchudzającej są niewinnie wyglądające sosy, którymi przyprawia się świeże warzywa. Dla wielu osób surówki i sałatki bogate w witaminy i włókna pokarmowe są podstawą diety odchudzającej. Zapominamy jednak o towarzyszącym im sosie, który radykalnie zmienia wartość kaloryczną potrawy. Dlatego w trakcie stosowania mojej metody używajcie tylko i wyłącznie sosów na bazie niżej wymienionych składników.

• Winegret na parafinie

Olej parafinowy to najlepsze rozwiązanie zastępcze, pod warunkiem że nie ma się uprzedzeń do parafiny i nie cierpi się na chroniczne rozwolnienia.

Olej parafinowy ma dwie zasadnicze zalety: nie zawiera ani jednej kalorii i dzięki swej oliwnej konsystencji ułatwia tranzyt jelitowy.

Nie wierzcie pogłoskom, jakie usłyszycie o tym oleju. Nawet jego długotrwałe stosowanie jest zupełnie bezpieczne. Jedyna niedogodność to problem z dozowaniem, bo parafina w zbyt dużej dawce działa jak środek przeczyszczający.

Aby uniknąć tego typu niedogodności i nadać olejowi parafinowemu, gęstszemu niż zwykły olej spożywczy, nieco lżejszą konsystencję, przygotujcie sos winegret z następujących składników:

- 1 część oleju parafinowego,
- 1 część wody gazowanej,
- 1 część musztardy,
- 1 lub 2 części octu winnego.

Najlepiej wybrać wodę naturalnie gazowaną, która po wymieszaniu z olejem parafinowym łatwiej tworzy gładką emulsję. Wybierzcie również dobrej jakości ocet, na przykład ocet winny z Xeres, ocet balsamiczny

Uwaga na olej...

W zwykłej sałatce składającej się z 2 dużych zielonych sałat lub cykorii i 2 łyżek stołowych oleju znajduje się 20 kalorii pochodzących z sałaty i 280 kalorii pochodzących z oleju. Uważajcie na olej – nie ma go na liście produktów dozwolonych! Oliwa z oliwek nie jest wyjątkiem od tej reguły. Choć znana jest ze swych dobroczynnych właściwości i odgrywa ogromną rolę w ochronie przed chorobami układu sercowo-naczyniowego, jest tak samo kaloryczna jak każdy inny olej dostępny na rynku.

lub ocet malinowy (pasuje doskonale do tego typu sosu, bo jest jednocześnie kwaskowaty i owocowy).

• Sos z jogurtu lub serka homogenizowanego

Ci, którzy nie zdecydują się na wykorzystanie oleju parafinowego, mogą przygotować smaczny, naturalny sos na bazie chudego nabiału.
Możecie wybrać zwykły jogurt naturalny, bardziej kremowy niż jogurty odtłuszczone, a zawierający niewiele więcej kalorii.
Do jogurtu trzeba dodać płaską łyżkę stołową musztardy i ubić całość jak na puszysty majonez. Doprawić odrobiną octu, soli, pieprzu i ziół.

Sposoby przyrządzania

• Na parze

Dozwolone warzywa można gotować w wodzie, parzyć we wrzątku lub – najlepiej – gotować na parze, aby zachowały jak najwięcej witamin.

• W piekarniku

Warzywa można także upiec w piekarniku w wywarze powstałym z pieczenia mięsa lub ryby. Przykładami takich dań są okoń z koprem włoskim, dorada w pomidorach albo gołąbki z wołowiną.

• W folii (inaczej: w papilotach)

Pieczenie w folii pozwala zachować wszystkie walory potrawy, zarówno smakowe, jak i odżywcze. Szczególnie smaczne są ryby zawijane w papiloty, na przykład łosoś upieczony na warstwie porów lub bakłażanów zachowa doskonałą miękkość i soczystość.

• Na patelni

Warzywa, i nie tylko, najlepiej smażyć lub dusić na patelni z grubym dnem i powłoką zapobiegającą przywieraniu. Przyrządzone na patelni warzywa zyskują nowy wspaniały smak i konsystencję. Polecam tę metodę zwłaszcza tym, którzy niespecjalnie przepadają za warzywami. Spróbujcie przyrządzić tak warzywa dzieciom, które nie chcą jeść tego jakże ważnego i potrzebnego pożywienia.

Pamiętajcie o przyprawach!

Niedawne badania naukowe wykazały ogromny wpływ wrażeń smakowych – ilości i różnorodności smaków – na wytwarzanie uczucia sytości.

Dziś wiemy na przykład, że niektóre przyprawy dostarczające wyjątkowo mocnych wrażeń smakowych, zwłaszcza goździki, imbir, anyżek, kardamon, pozwalają na nagromadzenie bardzo intensywnych i głębokich wrażeń smakowych, oddziałujących na podwzgórze, ośrodek mózgowy odpowiedzialny za wywoływanie uczucia głodu i sytości. Jest więc bardzo ważne, by używać jak najczęściej, najlepiej na początku posiłku, różnorodnych przypraw. Warto starać się do nich przyzwyczaić, nawet jeśli do tej pory nie było się ich miłośnikiem.

Aktywność fizyczna przepisana na receptę

Uwaga! Właśnie wchodzicie w zupełnie nowy etap mojej metody. Dotychczas bardzo gorąco polecałem wszelką aktywność fizyczną, ale nie włączyłem jej jako integralnej, nieodzownej i radykalnej części kuracji. Dziś nie waham się przepisywać jej moim pacjentom. Jest to kolejna siła napędowa mojej kuracji – ANR (aktywność na receptę).

Marsz: lekarstwo na nadwagę

Od pewnego czasu nie doradzam już swoim pacjentom spacerów, przepisuję je na receptę jak lekarstwo.

Faza uderzeniowa	20 minut dziennie
Faza naprzemienna	30 minut dziennie
Faza utrwalania	30 minut dziennie
Faza stabilizacji	20 minut dziennie
W wypadku stagnacji lub aby poprawić efekty kuracji	1 godzina dziennie przez 3 dni

Czymże jest 20 minut marszu wobec wszystkich wysiłków i poświęceń niezbędnych, by schudnąć? Zatem liczę na was.
Marsz to aktywność:

- najbardziej naturalna dla człowieka; nie jesteśmy już małpami również dlatego, że jesteśmy wyprostowani i chodzimy;
- najbardziej skuteczna ze wszystkich; szybko maszerując, spala się więcej kalorii, niż grając w tenisa, bo w czasie 60-minutowego meczu gra się tylko 20 minut;
- najmniej uciążliwa;
- którą można uprawiać o każdej porze dnia i nocy;
- która najmniej szkodzi stawom;
- która nie powoduje nadmiernego pocenia;
- która pozwala na wykonywanie w tym samym czasie innych czynności, jak telefonowanie, słuchanie muzyki, a nawet czytanie;
- która nie wywołuje najmniejszego nawet uczucia głodu;

• która może być bez żadnego ryzyka uprawiana przez osoby bardzo otyłe;
• która ma największe szanse na to, że będzie uprawiana długo i wytrwale, jeśli tylko poczuje się i zrozumie jej znaczenie i wpływ.

Oczywiście są też inne rodzaje ruchu: fitness, ćwiczenia na siłowni, jazda rowerem, sporty walki, pływanie, aqua areobic, taniec współczesny lub towarzyski, tenis itp. Ale żadna z tych form aktywności, nieważne jak skuteczna i ciekawa, nie jest tym, czym marsz: uniwersalnym i naturalnym dla człowieka sposobem poruszania.

Powrót do zwykłych czynności

Chodzi o wszystko to, co musielibyście zrobić sami, gdyby nie postęp technologiczny i wynalazki, które was wyręczają. Jeśli macie problem z nadwagą, musicie spróbować zmienić nastawienie do wysiłku fizycznego. Nie prowadzicie życia, do którego zostaliście stworzeni przez naturę, i z tego powodu tyjecie. Dzisiaj nasze ciała nie podejmują nawet minimalnej aktywności fizycznej niezbędnej do zwykłego utrzymania sprawności mięśni. Ten niemal całkowity brak ruchu nie pozwala nam spalić nadmiaru kalorii dostarczonych z jedzeniem i dlatego, by uniknąć przybierania na wadze, zostaje nam tylko ograniczenie ilości spożywanego pokarmu i różne diety. Ale to nie wszystko. Brak ruchu – uznawany za efekt postępu – pozbawia nas cząstki samych siebie, tego, co Grecy nazywali „cielesnym wymiarem człowieczeństwa". Nasza psychika, emocje, równowaga fizjologiczna, układ hormonalny i odpornościowy odczuwają skutki tego braku. Nieświadomie cierpimy i wcześniej czy później zaczynamy szukać pocieszenia w jedzeniu.

Poza marszem, który jest podstawą naszej naturalnej aktywności, polecam powrót do zwykłych czynności codziennego życia. Trzeba spróbować wyrwać je z rąk wynalazków oszczędzających nam konieczność ruchu.

Kiedy postanowiłem przepisywać aktywność na receptę?

W następstwie dwóch wydarzeń.
Pierwszy raz pomyślałem o tym w hiszpańskim biurze podróży. Czekałem w kolejce, obserwując trzech pracowników siedzących w obrotowych fotelach na kółkach. Dwóch z nich przemieszczało się po biurze, jeżdżąc w tych fotelach w poszukiwaniu dokumentów lub by wydrukować bilety. Trzeci wolał wstać i, co ciekawe, tylko on był szczupły.
Drugi raz pomyślałem o tym, lecząc bardzo otyłego pacjenta (który zresztą został moim przyjacielem). Kiedy go poznałem, ważył 230 kg. Dzięki zastosowaniu mojej kuracji schudł do140 kg. Postanowił rzucić palenie i przestał chudnąć. Przygotowywałem się do ustabilizowania jego wagi, ale bardzo chciał jeszcze schudnąć. Przepisałem mu więc 45 minut marszu dziennie jako konieczny element kuracji. Pomimo początkowego wahania i braku czasu z powodu obowiązków wynikających z zajmowania wysokiego stanowiska, zrobił, jak poleciłem. Dziś waży 100 kg.

• Zapomnijcie o windzie

Kobieta w wieku 30–40 lat, która po przyjściu na konsultacje do mojego gabinetu skarży się, że z powodu awarii windy musiała wejść na czwarte piętro, to osoba, która „zgubiła swoje ciało".

Pokonanie pięciu stopni tam i z powrotem to spalona 1 kilokaloria. Cztery piętra dwa razy dziennie to 1400 spalonych kilokalorii na rok, czyli blisko 2 kilogramy mniej na wadze.

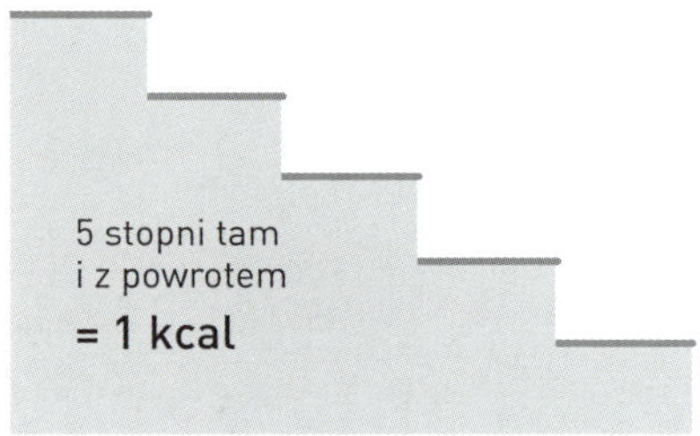

• Pamiętajcie o zwykłych codziennych czynnościach

> Odkurzajcie mieszkanie tak, aby się zmęczyć. Zachowujcie się, jakbyście używali nie odkurzacza, ale sprzętów na siłowni, za którą sporo zapłaciliście.

> Idźcie na zakupy na piechotę i bądźcie z tego dumni.

> Spacerujcie z psem.

> Ścielcie łóżko, ale róbcie to starannie. Nie schylajcie się, obciążając kręg lędźwiowy, tylko zegnijcie kolana.

> Nie bójcie się nosić pakunków i różnych przedmiotów.

> Aby podnieść coś z ziemi, nie zginajcie pleców, lecz kolana!

> Pracujcie w ogrodzie, to doskonały sposób na spalenie kalorii.

Król ćwiczeń

To ćwiczenie, które pobudza uda, ramiona i plecy, należy wykonywać w łóżku przed położeniem się spać i przed wstaniem.

• U wezgłowia łóżka połóżcie zagłówek, opierając go o ścianę, a na nim połóżcie poduszkę, tak by leżała pod kątem 45° do łóżka.

• Wyciągnijcie się na łóżku w pozycji półsiedzącej, tak by wasza klatka piersiowa była nachylona pod takim samym kątem jak poduszka. Zegnijcie kolana do prawie 90°.

- Podnieście się do pionu, a następnie znowu odchylcie, aż wasze plecy dotkną poduszki. Powtarzajcie ten ruch 10–30 razy.
- Kiedy wasze mięśnie brzucha się zmęczą, zmodyfikujcie ćwiczenie. Podnieście klatkę piersiową, wyrzucając ramiona do przodu. Dzięki temu brzuch odpocznie, a uruchomimy ramiona, co pozwoli wam bez zmęczenia kontynuować ten prosty i szybki ruch. Kiedy bicepsy się rozgrzeją, możecie wrócić do mięśni brzucha.
- Spróbujcie rozpocząć od serii 15 ćwiczeń rano i 15 wieczorem. Waszym celem, prostym do osiągnięcia, będzie dojście w ciągu kilku dni lub tygodni do 200 ćwiczeń rano i 200 wieczorem, a całość nie powinna zajmować więcej niż kilka minut.

Dlaczego to ćwiczenie nazywam „królewskim"?
Ponieważ uruchamia mięśnie brzucha, które rozluźniają się z wiekiem zarówno u mężczyzn, jak i u kobiet. Napina mięśnie ramion, na których najszybciej widać oznaki zwiotczenia skóry. Pobudza uda, barki i plecy. I można je wykonywać w łóżku!
Gdybyście mieli wykonywać tylko jeden ruch, niech to będzie właśnie ten.

Niech żyje zima!

Spacerując w temperaturze bliskiej 0°C, spalacie 25 procent dodatkowych kalorii. Wychodźcie ubrani ciepło, ale nie za bardzo. Po prostu ubierzcie się tak, byście nie zmarzli i nie przeziębili się.

PRZYKŁADOWY JADŁOSPIS W FAZIE 2 (NAPRZEMIENNEJ)

	Sakiewka z wędzonego łososia z małżami (patrz str. 138)	Przekładaniec ogórkowo-łososiowy (patrz str. 140)	Krem czekoladowy z tofu (patrz str. 222)
	PONIEDZIAŁEK	**WTOREK**	**ŚRODA**
Śniadanie	> Ciepły napój > Beztłuszczowy biały serek > 1 placek z otrąb owsianych (patrz str. 42)	> Ciepły napój > Jajecznica > Suszone mięso z Grisons	> Ciepły napój > Budyń > Chuda szynka
Obiad	> Sakiewki z wędzonego łososia z małżami (patrz str. 138) > Potrawka cielęca z cytryną > Puszysty mus pistacjowy (patrz str. 220)	> Przekładaniec ogórkowo-łososiowy (patrz str. 140) > Skorupiaki śródziemnomorskie (patrz str. 180) > Mus rabarbarowy (patrz str. 224)	> Krewetki gambas w sosie waniliowym (patrz str. 134) > Medaliony z soli z łososiem (patrz str. 182) > Krem herbaciany z bergamotką
Podwieczorek	> Budyń	> 1 placek z otrąb owsianych (patrz str. 42)	> Beztłuszczowy twarożek + 2 łyżki stołowe otrąb owsianych
Kolacja	> Muszle św. Jakuba > Eskalopki z kurczaka po prowansalsku > Sernik → P	> Krewetki w sosie curry z pomidorkami koktajlowymi (patrz str. 142) > Potrawka cielęca z koprem włoskim (patrz str. 188) > Beztłuszczowy jogurt → PW	> Tarta z wędzonym tofu > Krewetki smażone > Krem czekoladowy z tofu (patrz str. 222) → P

Rytm naprzemienny: 1 dzień czystych protein (P), 1 dzień proteiny + warzywa (PW).

Królik w musztardzie z duszonymi cykoriami (patrz str. 184)

Mrożony suflet czekoladowy (patrz str. 218)

Wołowina w papryce (patrz str. 202)

Muszle św. Jakuba smażone na patelni, z pianką waniliową (patrz str. 136).

CZWARTEK	PIĄTEK	SOBOTA	NIEDZIELA
> Ciepły napój > 1 placek z otrąb owsianych (patrz str. 42) > Beztłuszczowy serek wiejski	> Ciepły napój > Omlet > Plastry chudej szynki z indyka	> Ciepły napój > Beztłuszczowy serek wiejski > Plastry chudej szynki z kurczaka	> Ciepły napój > Beztłuszczowy serek homogenizowany > 1 placek z otrąb owsianych (patrz str. 42)
> Piramida z grillowanych warzyw (patrz str. 152) > Królik w musztardzie z duszonymi cykoriami (patrz str. 184) > Mus rabarbarowy	> Minibabeczki z wędzonym łososiem (patrz str. 146) > Pieczeń cielęca w sosie musztardowym > Mrożony suflet czekoladowy (patrz str. 218)	> Ogórek z kawiorem z taszy (patrz str. 150) > Wołowina w papryce (patrz str. 202) > Tarta tropézienne (patrz str. 226)	> Muszle św. Jakuba z pianką waniliową (patrz str. 136) > Potrawka z kurczaka > Mus kawowy z migdałami
> Pałeczki surimi	> 1 placek z otrąb owsianych (patrz str. 42)	> Beztłuszczowy serek homogenizowany	> Beztłuszczowy jogurt
> Lekki duet łososiowo-brokułowy (patrz str. 148) > Małże na sposób orientalny (patrz str. 186) > Krem z białego serka (patrz str. 230) → PW	> Ryjetki z królika > Sola w estragonie > Piernik (patrz str. 228) → P	> Mus z szynki z sosem pomidorowym (patrz str. 158) > Flan marchewkowy (patrz str. 190) > Mus cytrynowy (patrz str. 232) → PW	> Roladki z szynki z serkiem > Tarta z kurczakiem > Roladki z kremem Grand Marnier (patrz str. 234) → P

Moja dieta na co dzień (faza 2)

Druga faza diety jest jednocześnie prostsza do przestrzegania w życiu codziennym od pierwszej, ponieważ możecie spożywać więcej produktów, i trudniejsza – bo pokus jest więcej, a odstępstwo od zasad łatwiejsze.

W domu z rodziną

Jeśli macie dzieci, przygotowujcie osobno produkty zbożowe i mączne oraz zawierające skrobię, jak makaron, ryż czy ziemniaki. Możecie ugotować warzywa na parze i część odstawić dla siebie, a resztę podsmażyć na patelni dla pozostałych członków rodziny. Jeśli nie macie zbyt dużo czasu, oto prosta podpowiedź, co zrobić, by nie gotować codziennie dwóch różnych posiłków: postawcie na stole warzywa gotowane na parze, a dla chętnych zaproponujcie jako dodatek oliwę z pierwszego tłoczenia (bardzo bogatą w kwasy omega-3, omega-6 i omega-9). Dzieciom na pewno będą smakować brokuły pokropione olejem z orzechów laskowych albo fasolka skropiona olejem z orzechów włoskich. Wy tymczasem jedzcie warzywa bez oleju, wzbogacając ich smak ulubionymi przyprawami.

Na przyjęciu

Jeśli to wy zapraszacie gości, macie o wiele większy wybór potraw niż w fazie 1. Zapełnijcie półmiski warzywnymi koreczkami i pomidorkami koktajlowymi. Będziecie mogli częstować się bez obaw. Możecie podać także surimi albo plasterki chudej szynki. Najbardziej niebezpieczny może być sos, zwłaszcza jeśli to wy jesteście gośćmi. Sałatka jest z sosem? Nie częstujcie się. Oczywiście nie polewajcie też warzyw sosem, jeśli podany jest osobno. Jeżeli wybieracie się do przyjaciela, który przepada za słodyczami, czekoladkami i przeróżnymi ciasteczkami, lepiej najedzcie się przed wyjściem na przykład jajkiem na twardo i kilkoma pałeczkami surimi oraz przyjmijcie taktykę szklanki z wodą – napełnijcie szklankę wodą gazowaną i dbajcie, by cały czas była pełna, aby wbrew waszej woli nie poczęstowano was szampanem. Poza tym zajęte ręce zniechęcają do częstowania się ciasteczkami.

W restauracji

Możecie wybrać z karty mięso, rybę i warzywa. Zawsze pytajcie kelnera, jak przyrządzona jest fasolka. Jeśli jest z sosem, wybierzcie raczej zieloną sałatę i poproście, by sos podano osobno. Możecie też zabrać ze sobą w torebce odrobinę sosu winegret na oleju parafinowym i przyprawić sobie sałatkę. Albo po prostu wymieszajcie kawałki mięsa z sałatą, aby nie wydawała się wam całkiem pozbawiona smaku.

Jeśli musicie długo czekać na kelnera, możecie przekąsić kilka korniszonów traktowanych już jako warzywa, a nie przyprawa. Odsuńcie od siebie koszyk z pieczywem (pieczywo surowo wzbronione). Jeśli lubicie musztardę, możecie nałożyć sobie nieco na brzeg talerza. Jej kwaskowaty smak zmniejszy apetyt i pomoże wam czekać cierpliwie.

Pytania – odpowiedzi

Czy w naprzemiennej fazie diety można jeść beztłuszczowe jogurty, ale z owocami?

→ Beztłuszczowe jogurty naturalne można spożywać bez żadnych ograniczeń. Tak zwane „aromatyzowane" beztłuszczowe jogurty także można jeść do woli. Jeśli chodzi o beztłuszczowe jogurty z kawałeczkami owoców lub pulpą owocową odpowiedź brzmi: tak, ale można sobie pozwolić najwyżej na 2 jogurty owocowe dziennie. Przy czym zasada ta obowiązuje tylko pod warunkiem, że waga spada zgodnie z oczekiwaniami. Jeśli waga spada bardzo wolno, jedzcie nie więcej niż jeden jogurt owocowy dziennie. Jeśli waga stoi w miejscu, zrezygnujcie z takich jogurtów.

Czy można codziennie jeść marchewki i buraki?

→ Marchewki i buraki zawierają cukier. Jednak nie aż tak dużo, jak się powszechnie uważa. Lecz są to cukry bardzo szybko przyswajalne, zwłaszcza zawarte w ugotowanych marchewkach.

→ Unikajcie tych warzyw, jeśli kusi was, by jeść je w zbyt dużych ilościach lub zbyt często albo jeśli nie możecie się powstrzymać od polewania startej marchewki gotowym sosem winegret.

Czy w fazie naprzemiennej można jeść musztardę i w jakich ilościach?

→ Tak, można jeść musztardę z Dijon, ostrą lub zwykłą, bez żadnych ograniczeń. Musztarda staropolska pasuje do balsamicznego sosu winegret.

→ Unikajcie jednak sosów musztardowych, które zawierają za dużo cukru. Jeśli macie tendencje do zatrzymywania wody w organizmie, dodawajcie do potraw tylko kroplę musztardy, ponieważ zawiera ona dużo soli.

Wprowadziłem warzywa do jadłospisu i zaobserwowałem spowolnienie spadku wagi. Czy znowu przytyję?

→ To normalne, że chudniecie wolniej, ale nie obawiajcie się, nie zaczniecie tyć. W fazie pierwszej dzięki czystym proteinom szybko pozbywamy się tłuszczu, a także wody. Kiedy dodajecie do menu warzywa, dodajecie także wodę i sole mineralne. Wciąż będziecie chudnąć, ale wolniej. Część wody, którą usunęliście z organizmu w fazie uderzeniowej, znowu do niego wraca, co sprawia, że utrata tłuszczu jest mniej widoczna. Kiedy stajecie na wadze, macie wrażenie stagnacji.

→ Jednak naprzemienne stosowanie warzyw i czystych protein pozwala kuracji zachować wysoką skuteczność. Kiedy przechodzicie na czyste proteiny, spadek wagi jest znów bardzo widoczny. Najważniejsze, byście się nie zniechęcali, kiedy zobaczycie, że wskazówka wagi stoi w miejscu. Każde odstępstwo od zasad kuracji rozregulowuje system trawienny i powoduje stagnację.

Bilans fazy 2

Tracicie wagę stopniowo

W trakcie fazy naprzemiennej wasz organizm ureguluje szybkość, z jaką tracicie wagę. Będziecie chudnąć wolniej niż w fazie pierwszej, ale łagodnie dojdziecie do upragnionej wagi. Przez pierwsze dwa miesiące stracicie stopniowo od ośmiu do dziesięciu kilogramów. Kolejne etapy utraty wagi związane są z ponownym wprowadzeniem warzyw do jadłospisu i spowodowanym tym zwiększeniem ilości wody w organizmie. Przede wszystkim nie można się zniechęcać tym, że efekty osiąga się wolniej, to zupełnie normalne. Jeśli jesteście w okresie menopauzy, w ostatnich dniach cyklu miesięcznego lub wcześniej stosowaliście dużo różnych diet, wasz organizm może stawiać większy opór. Nie poddawajcie się, to organizm się w końcu podda. A najlepszym sposobem na sforsowanie tego oporu są spacery (1 godzina dziennie przez 3 dni w tygodniu).

A jeśli czujecie, że wasza motywacja słabnie...

Po euforii odczuwanej w fazie pierwszej, kiedy tak szybko traciliście kilogramy, stwierdzicie, że w fazie drugiej chudniecie znacznie wolniej. Tu kryje się niebezpieczeństwo. Dlatego trzeba sobie wciąż powtarzać, że drobiazgowe przestrzeganie wszystkich reguł diety pozwala osiągnąć długotrwałe rezultaty i wagę, która utrzyma się na stałe.

Czas nie jest waszym wrogiem. Nie zapominajcie, że wasz cel to nie tylko osiągnięcie upragnionej wagi, ale też jej utrzymanie na długo.

Aby ten etap zakończył się sukcesem, skupcie się na regułach, a nie na spadku wagi. Przepiszcie listę dozwolonych warzyw, róbcie zakupy na zapas, aby niczego wam nie brakowało, przygotowujcie sobie specjalne sosy do sałatek, by do waszego jadłospisu nie wkradły się podstępne kalorie . Bądźcie obiektywni i skrupulatnie notujcie, co zjedliście danego dnia – wasza ostrożność zostanie wynagrodzona. Pamiętajcie, że im dłuższa lista dozwolonych produktów, tym więcej czyha na was pokus, a tym samym zwiększa się ryzyko porażki. Bądźcie więc jeszcze czujniejsi niż w fazie uderzeniowej.

Złamaliście zasady

I co z tego? Jeśli straciliście dzień, to albo przedłużcie sobie spacer o pół godziny, albo następnego dnia przejdźcie na dietę proteinową, a wszystko wróci do normy. Należy o wpadce zapomnieć i nie wpędzać się w poczucie winy.

Zrezygnowaliście... nic straconego

Odetchnijcie głęboko i pozwólcie mi się poprowadzić jeszcze raz. Nie zostawię was samych na poboczu drogi. Jeśli porzuciliście kurację, to musiał być jakiś powód. Zwykle jest to napotkana trudność, poważny stres, utrata motywacji. W tej chwili ważne jest tylko jedno: nie należy rezygnować całkowicie i w ten sposób zniszczyć wszystkie osiągnięte korzyści, owoce waszego wysiłku. Należy te owoce chronić. W tym celu, jeśli naprawdę musicie zakończyć dietę, przejdźcie od razu do fazy 3, utrwalania wagi, przestrzegając zasady, że powinna ona trwać 10 dni na każdy utracony kilogram. Następnie rozpocznijcie fazę stabilizacji wagi. A kiedy motywacja powróci, będziecie dumni, że nie poddaliście się zwątpieniu, i będziecie gotowi ponownie podążyć do wyznaczonego celu.

Faza naprzemienna w skrócie...

Zachowujecie w menu wszystkie proteiny dozwolone w fazie 1 (patrz lista na str. 38) i jecie je bez ograniczeń.

Dodajecie do menu przeróżne warzywa.
Jedzcie pomidory, ogórki, rzodkiewki, szpinak, szparagi, pory, fasolkę szparagową, kapustę, grzyby, seler, koper, wszystkie rodzaje sałaty, w tym cykorię, boćwinkę, bakłażany, cukinie, papryki, a nawet marchewki i buraki – pod warunkiem że nie je się ich przy każdym posiłku.

Tak samo jak proteiny, **warzywa można jeść do woli,** bez żadnych ograniczeń ilościowych.

Uważajcie na sosy do sałatek, olej jest zakazany.

Powinniście spacerować 30 minut dziennie i wykonywać „królewskie" ćwiczenie. Jeśli zaobserwujecie stagnację spadku wagi, spacerujcie 60 minut dziennie przez 3 dni.

Przemienność.

W drugiej fazie stosujcie naprzemiennie dietę opartą na czystych proteinach z dietą składającą się z protein i warzyw, aż do uzyskania upragnionej wagi.

Wybieracie rytm diety i trzymacie się go.

1 dzień czystych protein i 1 dzień proteiny + warzywa albo 5 dni / 5 dni. Jeśli nie macie zbyt dużej wagi do zrzucenia, możecie wybrać rytm 2 dni / 5 dni, lub 2 dni czystych protein i 5 dni normalnego odżywiania.

W dalszym ciągu spożywacie 1 lub 2 łyżki stołowe otrąb owsianych dziennie.

Faza 3:
utrwalanie wagi

Po osiągnięciu upragnionej wagi przechodzimy do fazy jej utrwalania. To niezbędny etap przed powrotem do normalnego odżywiania.

Cele fazy 3

Utrwalanie wagi: 10 dni na każdy utracony kilogram

Utrwalicie uzyskaną wagę, stosując fazę 3 diety przez 10 dni na każdy utracony kilogram. Inaczej mówiąc, jeśli straciliście 5 kilogramów, faza ta musi trwać 50 dni, a jeśli straciliście 30 kilogramów, musicie jej przestrzegać przez 300 dni. Ale nie martwcie się – choć faza utrwalania wagi nie jest prosta, będziecie mogli znów jeść produkty, które były dotąd zakazane. Wasz jadłospis będzie bardziej urozmaicony, a przyjemność jedzenia jeszcze większa.

Określenie wagi „osiągalnej i możliwej do utrzymania"

W określeniu właściwej wagi może wam pomóc specjalista, który obliczy ją na podstawie wszystkich niezbędnych parametrów.
W obliczeniach należy uwzględnić najwyższą wagę, jaką kiedykolwiek osiągnęliście, a która zawsze zostawia ślad, najniższą wagę, którą udało wam się utrzymać najdłużej, oraz wagę wymarzoną. Trzeba także wziąć pod uwagę płeć i wiek; każde 10 lat po ukończeniu 18 roku życia zwiększa waszą właściwą wagę o 1 kilogram w przypadku kobiet i 1,2 kilograma w przypadku mężczyzn. Istotna jest także budowa kości – jeśli są grube, właściwa waga wzrasta o 1 kilogram, a maleje, jeśli są drobne. Na koniec trzeba wziąć pod uwagę liczbę wcześniej stosowanych diet oraz dziedziczne skłonności do tycia. Każda nadwaga jest inna. Aby dokładnie obliczyć właściwą i możliwą do osiągnięcia i utrzymania wagę, możecie posłużyć się formularzem zamieszczonym na stronie www.livredemonpoids.com (strona w języku francuskim).

Niezbędna faza przejściowa

W ciągu dwóch pierwszych faz kuracji traciliście kilogramy, a wasz organizm próbował się bronić i zachować swoje rezerwy, ale tę walkę przegrał.
Jednak w tym czasie wypracował strategię obronną, reakcję, której musicie być świadomi. Można ją ująć w dwóch słowach: zysk + oszczędzanie.
• **Zwiększony zysk:** im bardziej chudniecie, tym większy zysk wyciąga wasz organizm z każdej przyswojonej kalorii. Po zakończeniu drugiej fazy, a więc na etapie, w którym się znajdujecie, ten zysk sięga 100 procent.

• **Oszczędzanie energii:** im bardziej chudniecie, tym bardziej wasz organizm stara się ograniczyć wydatki energetyczne, metaboliczne, hormonalne. Trzeba zatem uważać, by nie dostarczać wygłodniałemu organizmowi zbyt bogatych w składniki odżywcze pokarmów, z których wyciągnie maksymalny zysk.

Walka z efektem jo-jo

Na szczęście ta „postawa obronna" organizmu słabnie z czasem, gdy wasz organizm czuje, że na nowo zaczynacie odżywiać go w urozmaicony sposób i dostarczać bardziej energetycznych pokarmów. Jednak w tym czasie jesteście wyjątkowo wrażliwi i narażeni na efekt jo-jo. Doświadczenie pozwoliło mi ustalić, jak długo trwa ta wrażliwość, oraz stwierdzić, że jest proporcjonalna do utraconej wagi.

Czas trwania fazy utrwalania wagi: 10 dni na każdy utracony kilogram. Och! To takie proste. Straciliście 5 kilogramów – etap utrwalania wagi musi trwać 50 dni. Zrzuciliście 10 kilogramów – 100 dni.

Dlaczego występuje efekt jo-jo?

Wasz organizm reaguje na rabunek swoich rezerw, stopniowo ograniczając zużycie energii, a zwłaszcza zwiększając zyski z przyswajanych kalorii. Wasze ciało tylko czeka na odpowiednią chwilę, by zgromadzić utracone w czasie dwóch pierwszych faz diety zapasy. Obfity posiłek, który przed rozpoczęciem kuracji nie wywołałby większych szkód, pod koniec diety będzie bardzo groźny.

Jak długo trwa efekt jo-jo?

Efekt jo-jo grozi wam przez cały czas trwania fazy utrwalania wagi, to znaczy 10 dni na każdy utracony kilogram. Euforia po utracie wielu kilogramów połączona z lekceważeniem dokładnie określonego czasu trwania fazy utrwalania wagi mogą skazać całą dietę na niepowodzenie.

Zasady fazy 3

Przez cały okres trwania fazy utrwalania uzyskanej wagi musicie skrupulatnie przestrzegać następujących zasad.

Czas trwania: 10 dni na każdy utracony kilogram

Pamiętajcie, że dwie na trzy porażki następują w czasie trzech pierwszych miesięcy po zdobyciu upragnionej wagi. Zauważcie także, że faza utrwalania zapewnia wam zrównoważone odżywianie, ale nie jest już w żadnym wypadku kuracją mającą na celu doprowadzenie do utraty kilogramów. Przestrzeganie zasad fazy 3 daje pewność utrwalenia uzyskanej wagi. Nie lekceważcie żadnej zasady, a zwłaszcza czasu trwania tego etapu. 10 dni na każdy utracony kilogram powinno wystarczyć organizmowi na żal po utraconych kilogramach. W tym okresie powoli uspokoicie wasz organizm oraz apetyt i dacie swemu ciału trochę wolności, ale tylko trochę – wasza wolność jest kontrolowana!

Powrót do zabronionych produktów, ale w określonych ilościach

Poza proteinami i warzywami, które mogliście jeść w drugiej fazie kuracji, dozwolone będą w końcu chleb, owoce, sery żółte i niektóre produkty zawierające skrobię. Będziecie mogli również jeść wiele smacznych dań, które wcześniej były zakazane. Ale uwaga – musicie przestrzegać ściśle określonego porządku wprowadzania tych produktów do jadłospisu.

• 1 porcja owoców dziennie

Dozwolone są praktycznie wszystkie owoce z wyjątkiem bananów, czereśni i owoców suszonych. Owoce to pożywienie zdrowe i pełne witamin, ale także bardzo bogate w łatwo przyswajalne cukry proste. Dlatego należy ograniczyć ich spożycie, więc poprzestańcie na razie na 1 porcji dziennie.

1 porcja = 1 sztuka: jabłko, gruszka, pomarańcza, grejpfrut, brzoskwinia, nektarynka. W przypadku małych owoców stosujcie miarę miseczki: miseczka truskawek, miseczka malin. W przypadku bardzo dużych,

jak melon czy arbuz, przekrójcie owoc na pół. Owoce średniej wielkości można zjeść dwa: dwie morele, dwie śliwki.

• 2 kromki chleba pełnoziarnistego dziennie

Można zjeść 2 kromki chleba w dowolnym momencie dnia: na śniadanie, w południe jako kanapkę z mięsem na zimno lub z wędliną albo wieczorem z powracającym do jadłospisu serem żółtym.

• 40 g sera dziennie

Możecie jeść wszystkie rodzaje serów twardych, na przykład goudę, sery szwajcarskie czy holenderskie. Unikajcie serów powstałych w wyniku fermentacji – jak camembert, roquefort, ser kozi. Jedna porcja to 40 g. Aby dać wam wyobrażenie, ile może ważyć kawałek sera, powiem, że standardowa kostka sera topionego (np. „Krówka Śmieszka") waży 25 g. Możecie więc zjeść dziennie nieco mniej niż 2 takie kostki. Uwaga: najlepiej zjeść całą porcję na raz, co pozwoli uniknąć podjadania i przekroczenia dozwolonej ilości.

• 2 porcje produktów zawierających skrobię tygodniowo

Unikajcie białego ryżu i ziemniaków.

> **Makarony**

To najlepiej dostosowane do naszych potrzeb produkty skrobiowe. Dlaczego? Ponieważ makarony produkowane są z twardego zboża, o bardzo odpornej strukturze włókien, co spowalnia trawienie. Dostępne są już na rynku makarony z mąki z pełnego ziarna. Co więcej, makarony są powszechnie lubiane i nie kojarzą się z dietą odchudzającą. Łatwo więc je włączyć do jadłospisu. Jednak uważajcie, z czym je przyrządzacie: masło, olej, śmietana ser podwajają wartość kaloryczną potrawy. Jedzcie zatem makaron (odpowiednia porcja to 220 g ugotowanego makaronu) z lekkimi dodatkami, np. sosem ze świeżych pomidorów z cebulką i ziołami.

> **Kuskus, polenta, bulgur, ziarna pszenicy**

Mogą być spożywane w porcjach ważących 220 g.

> **Ryż pełnoziarnisty**

Bardzo wartościowy i bardzo polecany, wciąż w tej samej ilości – 220 g. Zaczekajcie jeszcze trochę z wprowadzaniem do waszego menu białego ryżu i ziemniaków. Zawierają zbyt dużo łatwo przyswajalnych cukrów prostych.

Jak przyrządzić kuskus bez tłuszczu

Kuskus wsypać do naczynia nadającego się do mikrofalówki i dolać wodę z rozpuszczoną w niej kostką rosołową (najlepiej odtłuszczoną). Poziom wody powinien przekraczać o 1 cm poziom ziarna. Pozostawić na 20 sekund, żeby kuskus wchłonął wodę i napęczniał, a następnie wstawić go na 1 minutę do mikrofalówki. Wyjąć i wymieszać widelcem, żeby nie było grudek. Wstawić na jeszcze jedną minutę do mikrofalówki i gotowe!

Jedzcie powoli i myślcie o tym, co jecie

W tej fazie diety do jadłospisu wracają bardzo smaczne produkty. Cieszcie się nimi! Jeśli będziecie jeść powoli, zmniejszy to wasz apetyt: po 20 minutach pojawi się uczucie sytości. Przyzwyczajcie się więc do powolnego jedzenia, zwłaszcza jeśli przed rozpoczęciem kuracji zwykle rzucaliście się na potrawy. Nauczcie się delektować nowymi smakami, które stały się dostępne.

> Soczewica

To jeden z najwolniej przyswajanych węglowodanów, jest przy tym bardzo sycąca i bogata w żelazo. Możecie zjeść porcję ważącą 220 g. Nie dodawajcie do niej tłuszczu.
Fasolę szparagową i groch można spożywać w takich samych porcjach, oczywiście również bez tłuszczu.

• **Jedna porcja udźca jagnięcego i pieczeni wieprzowej tygodniowo**

Unikajcie jak ognia pierwszego kawałka udźca, który jest zbyt tłusty, a za mocno przypieczona tłusta skórka może być rakotwórcza. Jeśli chodzi o pieczeń wieprzową, wybierajcie schab, a nie dużo tłustszą karkówkę. Możecie jeść do woli gotowaną szynkę. Szynka surowa jest zakazana.

2 królewskie uczty w tygodniu

2 razy w tygodniu możecie przyrządzić sobie dowolny posiłek, nie przejmując się, czy produkty są dozwolone czy nie. Pamiętajcie, że chodzi o 2 posiłki tygodniowo, a nie 2 dni zupełnej wolności tygodniowo. Moi pacjenci dosyć często się mylą... Królewska uczta to dowolnie wybrana przystawka (na przykład ulubiony ser), danie główne (na przykład kotlet schabowy) i deser (ciastko czekoladowe) oraz kieliszek wina. Ale uwaga! Macie prawo to wszystko zjeść pod dwoma warunkami: nie wolno dokładać sobie tego samego dania i nigdy nie urządzać dwóch królewskich posiłków pod rząd. Między jedną a drugą ucztą musi być co najmniej 1 dzień przerwy, aby wasz organizm mógł spalić nadwyżkę kalorii.

1 dzień diety proteinowej w tygodniu

1 dzień diety czystych protein da wam gwarancję, że nie przybierzecie na wadze. Tego dnia możecie jeść tylko produkty dozwolone w pierwszej, uderzeniowej fazie kuracji (patrz lista na str. 38), ale bez ograniczeń ilościowych. Jeszcze jeden mały wysiłek! To jedyny wymóg fazy utrwalania wagi. Jeśli to tylko możliwe, wybierzcie czwartek na dzień diety proteinowej.

Co jeść w fazie 3?

Nareszcie rozszerza się lista produktów, które możecie jeść! Z przyjemnością znów spróbujecie smacznych potraw, których od tak dawna sobie odmawialiście.

Oczywiście wciąż powinniście jeść produkty proteinowe z fazy 1 kuracji (patrz lista na str. 38) i wszystkie warzywa wprowadzone w fazie 2 (patrz lista na str. 67). Ponadto możecie dodać poniższe produkty, respektując ograniczenia ilościowe opisane w poprzednim rozdziale. A w czasie królewskich posiłków możecie jeść także produkty zabronione.

Owoce (jedna porcja dziennie)

Dozwolone	Zakazane
Arbuz	Banany
Brzoskwinie	Czereśnie
Grejpfruty	Migdały
Gruszki	Orzechy laskowe
Jabłka	Orzechy nerkowca
Jeżyny	Orzechy włoskie
Klementynki	Orzechy ziemne
Maliny	Pistacje
Mandarynki	Rodzynki
Melon	
Morele	
Nektarynki	
Pomarańcze	
Śliwki	
Truskawki	

Pieczywo (2 kromki dziennie)

Dozwolone	Zakazane
Chleb pełnoziarnisty	Bagietka
Chleb razowy	Biały chleb
	Bułki

Ser (1 porcja dziennie)

Dozwolone	Zakazane
Beaufort	Brie
Comté	Camembert
Edamski	Roquefort
Ementaler	Sery kozie
Gouda	(sery miękkie)
Mimolette	
Serki topione	
Tomme de Savoie	
(sery twarde i półtwarde)	

Produkty skrobiowe (2 razy w tygodniu)

Dozwolone	Zakazane
Bulgur	Biały ryż
Czerwona i biała fasola	Chipsy
Fasolka szparagowa	Frytki
Gotowane ziarna pszenicy	Gotowane ziemniaki
Groch suszony	
Groch zwyczajny	
Kasza manna	
Makarony	
Polenta	
Soczewica	
Zielony groszek	

Mięsa (patrz lista na str. 38, do której dodajemy)

Dozwolone	Zakazane
Biała szynka	Karkówka wieprzowa
Schab	Szynka surowa
Udziec jagnięcy	Tłusta szynka wiejska
	Tłuste kawałki udźca
	Tłuszcz otaczający szynkę

Jak dobrze przygotować królewską ucztę

2 razy w tygodniu możecie sobie przyrządzić taki posiłek, jaki wam się zamarzy. Uwaga: nie mówimy o „królewskim dniu", tylko o „królewskim posiłku". W trakcie tych 2 posiłków możecie spożywać dowolnie wybrane produkty, zwłaszcza takie, których najbardziej wam brakowało w czasie dwóch pierwszych faz kuracji.

Zorganizujcie się

Na królewską ucztę można wybrać któryś z dwóch głównych posiłków dnia, przy czym lepsza jest kolacja, ponieważ pozwala się posiłkiem nacieszyć i w pełni z niego skorzystać. Stresująca atmosfera firmowego lunchu nie daje tej możliwości. Zastanówcie się, co was czeka w danym tygodniu: jeśli jesteście zaproszeni na przyjęcie albo piknik lub gościcie przyjaciół w weekend, będzie to najlepszy moment na królewską ucztę. Pamiętajcie jednak, by te 2 posiłki nie były zbyt zbliżone w czasie.

Dwa warunki

Macie prawo jeść wszystko, ale:

- nie możecie brać sobie dokładki,
- nie możecie jeść dwóch królewskich posiłków pod rząd.

Po odświętnej uczcie musi nastąpić normalny posiłek fazy trzeciej. Na przykład jeśli przygotowaliście sobie ucztę na wtorkowy obiad, z następną musicie poczekać co najmniej do środowego wieczoru.

Możecie jeść wszystko, ale tylko raz:

- 1 przystawkę,
- 1 danie główne,
- 1 deser lub ser,
- 1 kieliszek wina.

Bigos? Paella? Torcik czekoladowy? Wybór należy do was. Ale pamiętajcie – wszystko tylko jeden raz.

Uwaga na przyjęcia: jeśli konwersując z przyjaciółmi przed obiadem, wypiliście lampkę szampana, nie macie już prawa do kieliszka wina do posiłku.

Nauczcie się „zamykać drzwi" po królewskiej uczcie

Wbrew temu, co można sądzić, ryzyko związane z królewskimi posiłkami, z tymi dwoma momentami przyjemności w tygodniu, nie leży w doborze składników odświętnego posiłku, lecz tym, co nastąpi po nim. Przygotowując królewską ucztę, otwieracie drzwi całkowitej swobodzie, a do waszego menu powraca przyjemność. Trudności mogą się pojawić przy następnym posiłku, kiedy trzeba będzie znów poddać się ograniczeniom. Należy o tym pamiętać, zapisać sobie w kalendarzu zarówno posiłek królewski, jak i posiłek następujący po nim, aby następnego dnia po wielkiej uczcie bez problemów powrócić do fazy utrwalania wagi.

Sprawcie sobie przyjemność!

2 królewskie posiłki pomagają na nowo nauczyć się sztuki czerpania przyjemności z jedzenia. Jeśli przed rozpoczęciem kuracji mieliście niedobry nawyk podjadania, siedząc przed telewizorem, albo rzucaliście się na słoik kremu orzechowego, te 2 odświętne posiłki odkryją przed wami nowy rodzaj przyjemności. Delektujcie się jedzeniem, jedzcie powoli, myślcie o tym, co właśnie jecie. Delektowanie się i obżarstwo to 2 zupełnie różne sposoby korzystania z jedzenia. Chcemy otworzyć drzwi dla prawdziwej przyjemności, a nie dla niekontrolowanego pochłaniania pożywienia. Kompulsywne jedzenie z pewnością skaże na porażkę każdą kurację.

Jak nie skusić się na dokładkę

- W restauracji dostajecie pełny talerz i nie prosicie o dokładkę! W domu zachowujcie się tak jak w restauracji. Napełnijcie swój talerz i nie dokładajcie sobie.
- Nie stawiajcie na stole pełnych półmisków, lecz od razu nałóżcie domownikom odpowiednie porcje na talerze.

Proteinowy czwartek

Tego dnia będziecie spożywać wyłącznie czyste proteiny, tak jak w pierwszej fazie kuracji. Dozwolone są tylko produkty z fazy uderzeniowej (patrz lista na str. 38).

Dlaczego akurat czwartek?

Wybrałem czwartek w sposób arbitralny. Jeśli czwartek wam nie odpowiada, bo na przykład z przyczyn zawodowych możecie mieć problem z zachowaniem tego dnia diety czysto proteinowej, możecie wybrać inny dzień tygodnia. Ale uwaga: ustalcie ten dzień definitywnie i trzymajcie się go bezwzględnie. Jeśli nie będziecie przestrzegać tego zalecenia, cała faza utrwalania może skończyć się porażką.

A jeśli nie mogłem zachować diety proteinowej w czwartek?

Może się zdarzyć, że dotrzymanie diety proteinowej w czwartek okaże się niemożliwe. W takim wypadku należy przeznaczyć na tę dietę kolejny dzień. Ale to nie może stać się zwyczajem! Pamiętajcie, że od przekładania tylko jeden krok do zaniechania. Dlatego jeśli planujecie w czwartek obiad z przyjaciółmi albo służbowy lunch, przenieście dzień diety na środę. W ten sposób utrzymacie kontrolę nad swoją dietą. Pamiętajcie, że wasz organizm uwielbia przyzwyczajenia i nie znosi niespodzianek. Jeśli będziecie odżywiać się regularnie, zmniejszy się ryzyko wystąpienia efektu jo-jo, o którym pisaliśmy na str. 87.

Dlaczego ten dzień jest niezbędny?

Faza utrwalania wagi nie jest prosta. W każdej chwili jesteście narażeni na wystąpienie efektu jo-jo, i to tak długo, aż nie ukończycie tej fazy, która jest tym dłuższa, im więcej kilogramów straciliście. Dzień proteinowy jest ochroną przeciwko efektowi jo-jo i służy ustabilizowaniu waszej wagi. Dlatego w żadnym wypadku nie można z niego zrezygnować. Pamiętajcie, że w fazie utrwalania wagi wasz organizm jest bardzo wrażliwy. Najmniejszy błąd może spowodować efekt jo-jo. Proteinowy czwartek pozwala się przed tym uchronić.

Proteinowy czwartek do końca życia

Proteinowy czwartek to jedyne zalecenie, jakiego musicie przestrzegać do końca życia, nawet kiedy już zamkniecie tę książkę i zakończycie kurację. Mieliście nadwagę i wasze ciało o tym pamięta. W tej chwili wasz organizm korzysta z „kontrolowanej wolności". Później, w fazie ostatecznej stabilizacji, odzyskacie całkowitą wolność, ale nigdy nie wolno wam zapomnieć, że w pewnym okresie życia wasze ciało wyglądało inaczej. Proteinowe czwartki pozwolą wam żyć normalnie, nie przybierać na wadze i jeść tak jak wszyscy ludzie. Ale przyzwyczajcie się do myśli, że czwartki pozostaną z wami na zawsze, bo muszą stać na straży organizmu, by wasze dawne kilogramy nie powróciły.

Jedzcie ryby!

Ryby są mniej kaloryczne niż mięso. Chude ryby, jak sola, dorsz, płaszczka czy morszczuk, nie przekraczają 100 kcal na 100 g, podczas gdy najchudsza wołowina dostarcza aż 160 kcal. Najtłustsze ryby, jak łosoś i makrela, nie przekraczają 200 kcal, gdy tymczasem tłuste mięso dostarcza 340 kcal, a niektóre kawałki wieprzowiny nawet 480 kcal. Nawet najbardziej tłusta ryba może zatem być mniej kaloryczna niż zwykły stek wołowy. Z tego powodu ryby są bardzo zalecane w kuracjach odchudzających – pod warunkiem że zdejmie się tłustą skórę, bardzo podnoszącą ich wartość kaloryczną.

PRZYKŁADOWY JADŁOSPIS W FAZIE 3 (UTRWALANIA WAGI)

Lazanie z bakłażana i tofu (patrz str. 200)

Deser sojowo-truskawkowy (patrz str. 248)

Krewetki i kurczak w sosie kokosowym z przyprawami (patrz str. 212)

	PONIEDZIAŁEK	WTOREK	ŚRODA
Śniadanie	> Ciepły napój > 2 kromki pełnoziarnistego chleba > 1 beztłuszczowy jogurt	> Ciepły napój > Budyń > Plasterki chudej wędliny	> Ciepły napój > 2 kromki pełnoziarnistego chleba > Biały beztłuszczowy serek
Obiad	> Tzatziki > Pieczeń wieprzowa (filet) > Ser > 1 owoc	KRÓLEWSKA UCZTA > Potrawka z królika > Smażone małże > Krem czekoladowy > Wino	> Tarteletki z otrąb owsianych i tofu > Faszerowane pomidory > Ser > Mus z przyprawami (patrz str. 244)
Podwieczorek	> Plasterki chudej wędliny z kurczaka + placek z otrąb	> 2 kromki pełnoziarnistego chleba + ser	> 1 owoc
Kolacja	> Surówka z marchewki z cytryną > Lazanie z bakłażana i tofu (patrz str. 200) > Waniliowo-orzechowy crème brûlée z truskawkami (patrz str. 238)	> Zupa jarzynowa > Kurczak w mleczku kokosowym z fasolką i tofu (patrz str. 210) > Deser sojowo-truskawkowy (patrz str. 248)	> Mus łososiowy > Krewetki i kurczak w sosie kokosowym z przyprawami (patrz str. 212) > Budyń

Nie zapominajcie o 2 łyżkach stołowych otrąb owsianych dziennie.

Jajecznica z kawiorem z łososia (patrz str. 132)

Pływająca wyspa kawowa (patrz str. 252)

Muszle św. Jakuba po normandzku (patrz str. 208)

Waniliowa panna cotta w syropie balsamicznym z malinami (patrz str. 246)

CZWARTEK	PIĄTEK	SOBOTA	NIEDZIELA
> Ciepły napój > Owoc > 1 placek z otrąb owsianych (patrz str. 42)	> Ciepły napój > Chuda wędlina (lub mięso z Grisons) > Beztłuszczowy twarożek	> Ciepły napój > Chuda wędlina z indyka > Beztłuszczowy twarożek	> Ciepły napój > 2 kromki pełnoziarnistego chleba > Beztłuszczowy biały serek
> Jajecznica z kawiorem z łososia (patrz str. 132) > Pieczeń cielęca > Krem waniliowy	> Tarta porowa z łososiem i tofu > Cykorie w szynce > Ciasto pistacjowo-morelowe (patrz str. 242)	> Sałatka z pomidorów > Muszle św. Jakuba po normandzku (patrz str. 208) > Cynamonowe jabłka niespodzianki (patrz str. 254)	> Taboulé > Kurczak curry z warzywami (patrz str. 204) > Spaghetti > Waniliowa panna cotta w syropie balsamicznym z malinami (patrz str. 246)
> Pałeczki surimi	> Beztłuszczowy serek homogenizowany	> 1 owoc > Owsianka (2 łyżki stołowe otrąb owsianych)	> 1 placek z otrąb owsianych (patrz str. 42)
> Tuńczyk z puszki w sosie własnym > Eskalopek z kurczaka > Lody z musli (patrz str. 216)	> Placek dyniowy (patrz str. 170) > Cukinia faszerowana kurczakiem > 2 kromki pełnoziarnistego chleba + ser > Pływająca wyspa kawowa (patrz str. 252)	KRÓLEWSKA UCZTA > Szampan > Melon z porto > Paella > Lody waniliowe z orzechami	> Salaterki pełne świeżości (patrz str. 160) > Okoń z warzywami > Mrożony krem angielski z ananasem (patrz str. 240)

Moja dieta na co dzień (faza 3)

W domu z rodziną

Nareszcie możecie jeść makarony, pieczywo, owoce, więc będzie wam łatwiej uczestniczyć w rodzinnych posiłkach. Jeśli zastosujecie się do ograniczeń ilościowych, będzie mogli jeść tak samo jak inni albo prawie tak samo. Makaron nakładajcie sobie w pierwszej kolejności, aby mieć pewność, że nie przekroczyliście dozwolonej porcji. Oczywiście nie bierzcie dokładki. Jeśli wasze dzieci mają już dość sosu pomidorowego, nic nie stoi na przeszkodzie, by przygotować im inny. Nie wahajcie się postawić na stole oliwy z oliwek i świeżego masła – w ten sposób przyzwyczajacie dzieci do smacznych i doskonałych dla ich zdrowia produktów. Ale dla siebie przygotujcie przyprawy!

Na przyjęciu

W fazie utrwalania wagi macie już prawo do porcji sera, produktów skrobiowych i 2 kromek pełnoziarnistego chleba. Ale trudno liczyć w trakcie przyjęcia wszystko, co się spożywa. Ile kieliszków alkoholu mogę wypić? Ile koreczków z chleba i wędliny mogę zjeść? Nawet nie warto się nad tym zastanawiać. Nowości dozwolone w waszym menu (chleb, owoce) zostawcie sobie na spokojniejszy moment. Na przykład postanówcie, że chleb będziecie jeść rano na śniadanie albo wieczorem z serem. Na przyjęciu i w restauracji zachowujcie się jak podczas fazy drugiej: wybierajcie proteiny i warzywa. Dzięki temu na pewno nie złamiecie zasad. Częstujcie się pomidorkami koktajlowymi, surimi, kawałeczkami chrupiących warzyw, gazowaną wodą i coca-colą *light*.

Pamiętajcie, że w czasie przyjęcia, kiedy rozmawiacie i wesoło spędzacie czas z przyjaciółmi, nie jesteście w stanie liczyć tego, co jecie. Taka próba może wam popsuć wieczór i zagrozić waszej kuracji odchudzającej.

W restauracji

Kiedy jecie w restauracji, zachowujcie się tak, jakbyście wrócili do fazy 2 diety, opartej na proteinach i warzywach. Dzięki temu nie popełnicie błędu. Bardzo trudno stosować się do nowych reguł, dyskutując z przyjaciółmi. Z góry nałóżcie sobie zakaz jedzenia chleba i makaronu – w restauracjach podaje się biały chleb, a sos do makaronu też na pewno nie będzie dietetyczny. Pozbędziecie się problemu, jeśli z karty wybierzecie tylko proteiny i warzywa. Wędzony łosoś jest niemal w każdej karcie dań. A jako dodatek możecie zamówić fasolkę szparagową, szpinak albo zieloną sałatę.

Wino, chleb i deser są zakazane, chyba że wybraliście ten wieczór na królewską ucztę. Zamówcie wino w kieliszku. W restauracji nie poprosicie o dokładkę, to jest wielka zaleta, ułatwia trzymanie się jednej z głównych zasad królewskiej uczty. W inne dni trzeba umieć powiedzieć „nie" i zamiast deseru wypić kawę. I pamiętajcie, że macie prawo do coca-coli *light*, dzięki czemu łatwiej obędziecie się bez słodyczy.

Aby kuracja była radosna, naśladujcie François Mauriaca

François Mauriac, słynny francuski pisarz, noblista, typ raczej delikatny, całkowite przeciwieństwo sportowca, miał zwyczaj podskakiwać przed lustrem. Zaczynał od małych podskoków, a potem podskakiwał coraz wyżej.

Ten pomysł wydał mi się doskonały, więc postanowiłem sam spróbować. Zacząłem podskakiwać, tak jak zalecał, kiedy czułem radość, i zauważyłem, że to ćwiczenie sprawiało, że moja radość była jeszcze większa!

Co więcej, zauważyłem też, że radość, która jest ze swej natury ulotna, trwa dłużej dzięki temu wysiłkowi. Postanowiłem więc wykonać to ćwiczenie, nie łącząc go z momentem radości. I zdałem sobie sprawę, że podskakiwanie wywołuje u mnie radość.

Od tego czasu wywołuję u siebie takie małe momenty radości i korzystam z dobrodziejstw podskakiwania.

Jednocześnie pracuję nad mięśniami czworogłowymi nóg, spalam kalorie i kontroluję swoją wagę.

Pytania – odpowiedzi

Dlaczego należy liczyć 10 dni na każdy utracony kilogram?

→ Dlaczego 10, a nie 11 albo 9? Lata temu, kiedy stworzyłem swoją pierwszą kurację uderzeniową, osiągałem spektakularne, ale ulotne rezultaty. Nadwaga często powracała. Wprowadziłem więc nowe produkty, utrzymując nadzór i kontrolę nad tym, co pacjenci mogli jeść. Studiując dane dotyczące ponownego przybierania na wadze, wraz ze współpracującą ze mną panią statystyk obliczyliśmy, że skuteczna faza utrwalania wagi trwa w przybliżeniu 9,46 dnia na każdy stracony kilogram, co zaokrągliłem do 10 dni.

Dlaczego lepiej wprowadzić chleb pełnoziarnisty niż biały?

→ Biały chleb jest produktem bardzo przetworzonym. Wypieka się go z mąki produkowanej z ziarna całkowicie oczyszczonego z osłonek, czyli otrąb. To pokarm zbyt łatwo przyswajalny. Szybko strawiony nie przynosi organizmowi korzyści, jakie daje bogaty w błonnik chleb pełnoziarnisty.

→ Chleb pełnoziarnisty produkowany jest z mąki z pełnego przemiału, w której zachowane są naturalne proporcje i składniki ziarna. Osłonki chronią przed rakiem jelit, nadmiarem cholesterolu, cukrzycą, zaparciami oraz – co dla nas ważne – pomagają zachować linię. Przechodząc przez jelito cienkie, zamieniają się w rodzaj żelu, który wiąże i przechwytuje część kalorii z pożywienia, pociągając je za sobą do stolca. Ponadto chleb z pełnego ziarna jest o wiele dłużej trawiony i daje większe uczucie sytości.

Czy mogę jeść odtłuszczone sery żółte i pleśniowe?

→ Większość odtłuszczonych serów nie ma specjalnych wartości smakowych i będzie was kusiło, by zjeść ich za dużo. Jest jednak naturalny ser o niskiej zawartości tłuszczu: francuski tomme de Savoie. Dawniej produkowano go z półtłustego mleka. Kiedy rozpoczął się boom na produkty dietetyczne, niektórzy producenci powrócili do oryginalnej receptury. To naprawdę smaczny, rozpływający się w ustach ser. Możecie bez żadnych wyrzutów sumienia jeść nawet 60 g dziennie.

Jak bez frustracji rzucić palenie i w tym samym czasie rozpocząć dietę?

→ Rzucenie palenia ma tak wielką wagę dla zdrowia, że powinno być sprawą absolutnie priorytetową. Jeśli więc możecie wybierać, zdecydujcie się na rzucenie palenia, a nie na odchudzanie. Chcecie zrobić jedno i drugie w tym samym czasie? To możliwe, ale rzadko udaje się osiągnąć podwójny sukces. Najpierw należy zacząć od całkowitego odstawienia tytoniu na 10 dni. Dopiero 11 dnia można rozpocząć kurację odchudzającą. Aby poradzić sobie ze zdwojoną frustracją, trzeba korzystać z jednej z głównych zalet mojej metody: braku ograniczeń ilościowych. Możecie jeść do woli, kiedy tylko poczujecie ochotę na papierosa.

Czy mogę stosować tę kurację przy swoich problemach z tarczycą?

→ Tarczyca i problemy z nią stanowią bardzo poważne utrudnienie w walce z nadwagą. Są na przykład osoby, które nie wiedzą, że cierpią na niedoczynność tarczycy lub ich tarczyca pracuje bardzo wolno i tyją. Kiedy choroba zostaje wykryta, są już otyli.

→ Są też osoby, u których zdiagnozowano niedoczynność tarczycy – stosuje się u nich terapię zastępczą bardzo wolno działajacym levothyroksem, więc pacjenci jeszcze bardziej przybierają na wadze.

→ Niektórzy lekarze, niebędący specjalistami od chorób tarczycy, wolą postępować ostrożnie i powtarzają badanie stężenia TSH (tyreotropiny, hormonu regulującego pracę tarczycy), a pacjenci przybierają na wadze. Jednak także ci, którzy zostali prawidłowo zdiagnozowani i stosują właściwą terapię, powinni pamiętać, że zastępcza terapia hormonalna nie daje im tego samego, co zdrowa tarczyca.

→ Istnieje różnica między kolekcją *prêt-à-porter* a szyciem na miarę. Mówię to, by uzmysłowić wam złożoność problemu. Jeśli chce się schudnąć, stosując dobrze dobraną przez lekarza terapię, można to zrobić, gwarantuję. Ale chorzy na tarczycę muszą podchodzić do problemu poważniej niż inni.

Bilans fazy 3

Nie lekceważcie tego etapu

W czasie 1 i 2 fazy kuracji każdego dnia obserwowaliście, że wasza waga spada, co dawało wam motywację do dalszego stosowania diety. W fazie 3 waga już nie spada, łatwo więc odpuścić sobie starania i zadecydować o pominięciu tego etapu. Nie odkładajcie książki na półkę! Jesteście dopiero w połowie drogi! Jeśli nie będziecie przestrzegać reguł fazy 3, wasze kilogramy na pewno powrócą, i to bardzo szybko. Będziecie mieli szczęście, jeśli nie uzyskacie wyższej wagi niż przed zastosowaniem diety.

Bądźcie czujni, w fazie utrwalania ważą się losy waszej kuracji

Utrzymaniu diety w fazie utrwalania wagi zagraża jeszcze inny rodzaj zachowania, nie tak łatwy do uchwycenia: dodatkowa kromka chleba tu, dodatkowy owoc tam, trzy królewskie uczty w tygodniu zamiast dwóch... Bądźcie czujni i całkowicie obiektywni wobec tego, co jecie. Niektórzy pacjenci są bardzo zdziwieni, że waga wzrasta, choć oni przecież „przestrzegali zasad". Jeśli obawiacie się, że grożą wam takie odstępstwa od reguł, notujcie w zeszycie dozwolone produkty i wszystko, co zjedliście danego dnia. Bądźcie wobec siebie uczciwi, przyznajcie się przed sobą do podjadania niedozwolonych pokarmów.

Powiedzcie sobie, że to wasza ostatnia dieta

Kilkakrotnie powtarzane diety są złe z dwóch powodów:

• Przede wszystkim wasz organizm przyzwyczaja się do następujących po sobie kuracji odchudzających, bardzo szybko orientuje się, że próbuje się go ograniczać, więc zaczyna oszczędzać swoje zapasy. Ten, kto kilka razy w życiu chudnie i ponownie przybiera na wadze, uodparnia się na chudnięcie. Po każdej porażce będzie miał większe trudności, by schudnąć. Wasze ciało pamięta poprzednie diety. Dlatego jeśli się zaangażowaliście i doszliście do fazy 3, stosujcie tę dietę do końca, powtarzając sobie, że to już ostatnia dieta w waszym życiu.

• To nie wszystko. Czy wiecie, że w czasie stosowania diety tłuszcz, który eliminujecie, którego zapasy niszczycie, krąży w waszym organizmie pod postacią cholesterolu? Kiedy tracicie 10 lub 20 kilogramów, to trochę tak, jakbyście zjedli 10 lub 20 kg masła! Ogromna ilość cholesterolu i trójglicerydów krąży w waszej krwi. Tętnice mogą zostać zanieczyszczone przez te toksyczne tłuszcze. Dlatego naprzemienne chudnięcie i tycie jest bardzo szkodliwe dla zdrowia. Oczywiście ryzyko związane z krążącym we krwi cholesterolem kompensują zdrowotne korzyści z utraty wagi. Ale uważajcie na konsekwencje dla zdrowia, jeśli powtarzacie kuracje odchudzające więcej niż dwa razy w życiu.

Odwagi!

Czas kuracji odchudzającej minie szybko, a zgrabna sylwetka pozostanie na długo. Ten pożytek z fazy 3 jest bardzo istotny. Wasze nastawienie psychologiczne musi być właściwe, aby ta część diety zakończyła się sukcesem, bo właśnie podczas niej ważą się losy całej kuracji.

Faza utrwalania wagi w skrócie...

10 dni na utracony kilogram.
Czas trwania fazy 3 zależy od liczby zrzuconych kilogramów. To nie jest etap nadobowiązkowy. Ta faza jest bezdyskusyjna i obowiązkowa.

Proteiny i warzywa wciąż spożywacie do woli.

Dodajecie:

– porcję owoców dziennie (z wyjątkiem bananów, rodzynek i czereśni);
– 2 kromki pełnoziarnistego chleba dziennie;
– 40 g żółtego sera dziennie.

Codziennie spacerujecie i nie tracicie okazji do żadnej aktywności fizycznej.

Wprowadzacie 2 porcje
produktów skrobiowych
na tydzień i 2 nowe rodzaje
mięsa: udziec jagnięcy i schab.

Macie prawo
do 2 królewskich
posiłków w tygodniu.

Raz w tygodniu,
najlepiej w każdy czwartek,
wracacie do diety opartej
na czystych proteinach.

Pamiętajcie,
by codziennie dużo pić
i jeść 2 łyżki stołowe
otrąb owsianych.

Faza 4: **ostateczna stabilizacja**

Faza stabilizacji wagi – nowe życie chronione przez 3 proste, konkretne, ale bezdyskusyjne zasady.

Cele fazy 4

Powrót do wolności

Przede wszystkim: brawo! Jeśli czytacie te strony, to znaczy, że zakończyliście z sukcesem najtrudniejsze etapy naszej kuracji. Nie tylko pokonaliście nadwagę, ale również bez problemu przeszliście przez trudną fazę utrwalania, w czasie której wasz organizm był bardzo wrażliwy i mógł sprawiać wam niespodzianki. Dzisiaj efekt jo-jo już wam nie zagraża. Będziecie mogli odżywiać się bardziej spontanicznie, nie ryzykując, że przybierzecie na wadze. Musieliście przestrzegać wielu trudnych i łatwiejszych zasad. Teraz możecie wypłynąć na szerokie wody i abyście nie zbłądzili, zostawiam wam 3 busole – 3 proste, konkretne, ale niepodlegające dyskusji zasady.

Ostateczna stabilizacja – zasady na całe życie

Teoretycznie w ostatniej fazie kuracji możecie jeść już wszystko. I będziecie to robić. Tak, wszystko będzie dozwolone, nie będzie już żadnych zakazów. Ale musicie trzymać się 3 kluczowych zasad, inaczej możecie stoczyć się niczym po równi pochyłej. Oto te 3 zasady, których musicie przestrzegać tak długo, jak długo chcecie zachować nową, zdobytą z takim trudem sylwetkę:

- zachowujecie proteinowy czwartek;
- nie korzystacie z windy, zawsze chodzicie po schodach;
- codziennie spożywacie 3 łyżki stołowe otrąb owsianych.

Co do reszty – ważne, byście zapamiętali wszystko to, czego nauczyliście się w trakcie kuracji. Przeszliście od jedzenia produktów wartościowych do spożywania pokarmów dających przyjemność i potraficie właściwie ocenić wartość tego, co jecie. Zachowajcie to przyzwyczajenie.

Zaufajcie sobie

Podstawowa różnica między fazą utrwalania wagi a fazą stabilizacji polega na tym, że w ostatniej fazie jesteście całkowicie niezależni. Jesteście wolni i sami podejmujecie decyzje. Zaufajcie sobie. Poradzicie sobie, ponieważ podczas długich, czasem trudnych dni kuracji odchudzającej bardzo dużo się nauczyliście: 4 etapy tej diety dały wam dokładną wiedzę o waszym odżywianiu. Potraficie odróżnić to, co potrzebne, od tego, co zbyteczne. Zaczęliście od diety proteinowej i poznaliście wielką siłę tych niezbędnych do życia pokarmów. Następnie dodaliście ważne dla zdrowia warzywa i wreszcie, w fazie utrwalania, wzbogaciliście dietę, z umiarem i rozwagą, o kolejne produkty ważne dla zdrowia (owoce), produkty pożyteczne (chleb pełnoziarnisty), produkty pożywne (skrobiowe) i pokarmy po prostu smaczne oraz dające przyjemność (żółty ser, królewskie uczty), a także produkty niebezpieczne (oleje, orzechy, kremy do smarowania pieczywa, chipsy, majonez...). Wasz organizm przyzwyczaił się jeść inaczej, teraz możecie zwrócić mu wolność, na którą zasługuje.

Nie mylcie stabilizacji wagi z jej utrwalaniem

Być może przekartkowaliście tę książkę dosyć szybko i doszliście do wniosku, że utrwalanie i stabilizacja wagi niczym się nie różnią. Jeśli tak, szybko wróćcie do poprzednich stron, bo wasza kuracja może się zakończyć fiaskiem. W fazie stabilizacji zasady są bardzo łagodne, bo ci, którzy doszli do tego etapu, nie są już zagrożeni powrotem nadwagi. W fazie utrwalania wagi wszystkie zasady służą uniknięciu efektu jo-jo, czym nie zajmujemy się w fazie stabilizacji, bo wtedy ryzyka wystąpienia efektu jo-jo nie ma.

3 zasady, których należy przestrzegać bardzo długo...

Najlepiej do końca życia!

Co tydzień proteinowy czwartek

Możecie się już odżywiać, jak chcecie, przez sześć dni w tygodniu, a zasada proteinowego czwartku będzie waszą jedyną ochroną przed powrotem nadwagi. Tego dnia wolno jeść wyłącznie produkty o maksymalnej zawartości białek. Możecie także korzystać z protein w proszku, jeśli to wam pomaga (ale to rozwiązanie należy wybierać z rozsądkiem). Podobnie jak w fazie utrwalania wagi, ta zasada nie podlega negocjacjom. Musicie dalej robić to, do czego przyzwyczailiście się w czasie diety. Wybierzcie 1 dzień w tygodniu na dietę proteinową i trzymajcie się go. Jeśli ciągle będziecie go zmieniać, w końcu o nim zapomnicie i z całą pewnością przytyjecie.

Ważne postanowienie: rezygnacja z windy

Jeśli nie uprawiacie sportu, zrezygnujcie z jeżdżenia windą i unikajcie jazdy samochodem na krótkie odległości. Jednym słowem – ruszajcie się! Aby się zmotywować, możecie kupić sobie krokomierz liczący kroki, które zrobiliście każdego dnia – szybko się przekonacie, że robicie ich niewiele, jeśli prowadzicie siedzący tryb życia. Nie zamieniając się od razu w sportowca, po prostu używajcie na co dzień nóg.

3 łyżki stołowe otrąb owsianych dziennie

Otręby owsiane mają 3 podstawowe zalety:

- ułatwiają tranzyt jelitowy i chronią jelita przed ciężkimi chorobami;
- zmieszane z kęsem pokarmowym sprawiają, że jelito cienkie nie przyswaja wszystkich kalorii z pożywienia;
- pęcznieją w żołądku i dzięki temu dają większe uczucie sytości niż inne pokarmy.

Codzienne spożywanie otrąb owsianych jest korzystne dla zdrowia, długiego życia i waszej nowej, szczuplejszej figury.

Czy powinienem wybierać produkty *light*?

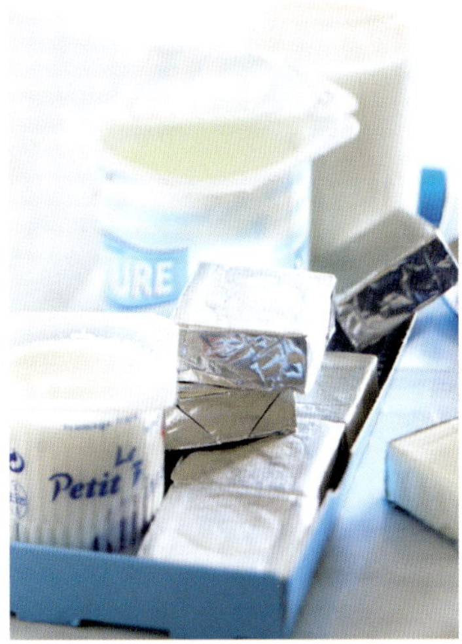

Produkty o zmniejszonej zawartości tłuszczu

Nikt dziś nie neguje korzyści, jakie przynosi zmniejszenie zawartości tłuszczu w produktach spożywczych, ponieważ udowodniono, że zmniejszona zawartość tłuszczu nie powoduje jedzenia ich w nadmiarze. W praktyce produktami, które najbardziej skorzystały na odtłuszczeniu, są mleko półtłuste, którym karmi się dziś niemowlęta i dzieci, białe sery i jogurty. Inne tego typu produkty (masło, żółte sery, sosy, wędliny) są interesujące raczej dla osób na ścisłej diecie oraz zagrożonych chorobami układu sercowo-naczyniowego czy niektórymi chorobami nowotworowymi (rak piersi, okrężnicy, prostaty, trzustki, jajnika), ponieważ nadmiar tłuszczu zdaje się sprzyjać ich rozwojowi.

Produkty o zmniejszonej zawartości cukru

Korzyści z ich spożywania nie są tak oczywiste. Wydaje się, że substancje zastępujące cukier są częściowo wykrywane przez organizm, który kompensuje sobie brak prawdziwego cukru przez większe spożycie tych produktów, a ochota na cukier zostaje podtrzymana. Udowodniono jednak, że kompensacja nigdy nie jest całkowita, a co najważniejsze zmniejsza się ze spożyciem, zwłaszcza u osób dorosłych. Najlepszymi produktami dla otyłych i diabetyków są aspartam, napoje gazowane *light*, gumy do żucia bez cukru i budynie bez cukru.

Poza tymi przypadkami inne produkty *light* przeznaczone są przede wszystkim dla tych, którzy nie chcą przytyć, a nie dla tych, którzy chcą schudnąć – czyli w gruncie rzeczy dla większości populacji.

Zmniejszona zawartość tłuszczu

ZAWARTOŚĆ TŁUSZCZU (KCAL/100 G)

PRODUKT	NORMALNY	ODTŁUSZCZONY
Masło	758	450
Margaryna	758	450
Majonez	710	396
Winegret	658	323
Sos berneński	449	413
Ementaler	400	216
Pasztet	332	224
Ser tomme	324	235
Camembert	283	236
Kiełbasa	283	225
Boczek	280	261
Szynka	169	110
Jogurt naturalny (kubek 125 g)	90	45

Małe przypomnienie

Pamiętajcie, by w czwartki unikać musztardy, ponieważ jest solona. W zamian możecie doprawiać potrawy octem winnym, pieprzem, ziołami. Korzystajcie z przypraw, by zrekompensować sobie brak soli.

Ograniczcie spożycie laktozy

W fazie ostatecznej stabilizacji wagi, gdy dieta trwa tylko 1 dzień w tygodniu, należy bardzo dokładnie selekcjonować produkty i wybierać te, które zawierają mniej laktozy. Kiedy porówna się skład chudego jogurtu i chudego białego sera, okaże się, że przy takiej samej wartości kalorycznej biały ser ma więcej protein i mniej laktozy niż jogurt.

Proteinowy czwartek

Wybór czystych protein

Proteinowe czwartki to cotygodniowe przypomnienie organizmowi fazy uderzeniowej, ale z pewnymi drobnymi niuansami. Należy tego dnia zachować zwyczaje z fazy 1 i wybierać produkty, które zawierają niemal wyłącznie proteiny. Na przykład jeśli chodzi o mięso, unikajcie jagnięciny i wieprzowiny, zbyt tłustych, by można je zaliczyć do czystych protein. Na str. 116 znajdziecie kompletną listę produktów dozwolonych w proteinowe czwartki. Ponieważ te czwartki są waszą jedyną ochroną przed ponownym przybraniem na wadze, ważne, byście wybierali produkty o jak najwyższej zawartości protein. W czasie kuracji dozwolone były tłuste ryby, ale będą one zakazane w proteinowe czwartki.

Dużo pijcie

W fazie uderzeniowej zalecałem picie co najmniej 1,5 litra wody dziennie. W stabilizacyjne czwartki zalecam zwiększenie tej dawki do 2 litrów dziennie, aby umożliwić organizmowi lepsze wypłukiwanie toksyn.

Ograniczcie spożycie soli

Okres chudnięcia i utrwalania wagi wymagał tylko niewielkiego zmniejszenia spożycia soli. W proteinowe czwartki dieta powinna być jeszcze bardziej uboga w sól. Takie jednorazowe ograniczenie soli raz w tygodniu nie wystarczy, by zmniejszyć ciśnienie, ale pomoże wypitej wodzie szybko przepłynąć przez organizm i oczyścić go. Będzie to szczególnie korzystne dla kobiet, które w trakcie cykli miesięcznych mają tendencję do zatrzymywania wody w organizmie.

Od czasu do czasu macie prawo do protein w proszku

Ponieważ plan Protal jest dietą naturalną, proteiny w proszku były dotychczas zakazane. Ale nawet jeśli proteiny w proszku są całkowicie sztucznym produktem, mają tę zaletę, że są wyjątkowo czyste. W fazie stabilizacji, kiedy dieta ogranicza się tylko do 1 dnia w tygodniu, można się nimi posłużyć, zwłaszcza jeśli wyjazd lub ciężka praca mogą spowodować rezygnację z proteinowego czwartku. Forma proszku ma też dodatkowy atut – pokarmy te są łatwe do transportowania. Nie należy jednak zapominać, że jest to produkt sztuczny. Wasz organizm nie jest przystosowany do odżywiania się proszkiem. Nawet słodzony i aromatyzowany proszek nie daje przyjemności jedzenia. Zbyt częste spożywanie protein w proszku grozi niepowstrzymanymi atakami bulimii. Co więcej, całkowity brak błonnika w tych produktach może powodować nieprzyjemne wzdęcia. Powinniście więc sięgać po te produkty wyłącznie okazjonalnie.

Uwaga! Jeśli zamierzacie kupić proteiny w proszku, nie mylcie ich z produktami mającymi zastąpić posiłki. Czytajcie uważnie etykiety: produkt, który wybieracie, musi się składać w 95 procentach z protein.

Kilka porad

- **Jeśli lubicie wołowinę**
W czwartki wołowinę lepiej jest przysmażyć. Nie zmniejszy to jakości zawartych w niej protein, za to pozwoli wyeliminować nadmiar tłuszczu.
- **Zjedzcie łososia innego dnia**
W pierwszej fazie diety opartej na czystych proteinach dozwolone były wszystkie ryby – od chudych do bardzo tłustych. Jednak wysoka zawartość tłuszczu w pokarmie nie jest już dopuszczalna w proteinowe czwartki fazy stabilizacji wagi.
- **Pomyślcie o rybie na surowo!**
Strzępiel, miętus, dorada i czarniak smakują wybornie na surowo: pokrojone w drobną kostkę lub cienkie plasterki i marynowane przez kilka minut w soku cytrynowym, doprawione solą, pieprzem i ziołami prowansalskimi stanowią pyszny i łatwy do przygotowania posiłek.

Co jeść w proteinowe czwartki?

Czwartek ma być wyłącznie proteinowy. Wybierajcie produkty, których skład jest jak najbardziej zbliżony do czystych protein. Nie możecie korzystać z listy produktów dozwolonych w fazie uderzeniowej, ponieważ niektóre z nich teraz będą zakazane. Oto lista dozwolonych, czystych protein.

Mięsa

Dozwolone	Zakazane
Eskalopki cielęce	Antrykot
Konina	Jagnięcina
Królik	Ligawa
Pieczeń cielęca (dobrze wysmażona)	Łata
Polędwica wołowa	Wieprzowina
Rostbef	Żeberka cielęce
Stek mielony (maks. 5% tłuszczu)	Żeberka wołowe
Stek wołowy	

Jajka

Dozwolone

Całe jajko lub tylko białko, jeśli dużo jedliście w ostatnim tygodniu

Drób

Dozwolone	Zakazane
Filet z kurczaka	Gęś
Gołąb	Kaczka
Górna część udka kurczaka	Kuper kurczaka
Indyczę	Skóra kurczaka
Indyk	Skrzydełka kurczaka
Perliczka	
Przepiórka	

Nabiał

Dozwolone

Beztłuszczowe jogurty naturalne

Chudy biały ser

Zakazane

Sery żółte i wszelkie produkty z pełnego mleka

Ryby

Dozwolone	Zakazane
Barwena	Łosoś wędzony
Czarniak	Makrela w musztardzie
Dorada	Sardynki
Dorsz	Sardynki w oleju
Gardłosz atlantycki	Tuńczyk w oleju
Halibut	
Halibut wędzony	
Labraks	
Limanda (flądra)	
Merlan	
Mieczyk	
Miętus	
Morszczuk	
Płaszczka	
Sola	
Strzępiel	
Surimi	
Tępogłów	
Tuńczyk w sosie własnym w konserwie	
Turbot	

Owoce morza

Dozwolone

Krewetki

Małże

Ostrygi

Przegrzebki (muszle św. Jakuba)

Rak

PRZYKŁADOWY JADŁOSPIS W FAZIE 4 (STABILIZACJI WAGI)

	Mus z dwóch cytryn (patrz str. 236)	Filety z barweny z bazylią (patrz str. 206)	Mus z przyprawami (patrz str. 244)
	PONIEDZIAŁEK	**WTOREK**	**ŚRODA**
Śniadanie	> Ciepły napój > Słodkie bułeczki > Masło > Serek	> Ciepły napój > Jajecznica > Biała szynka	> Ciepły napój > Bułeczki z masłem > 1 jogurt > 1 owoc
Obiad	> Tarta marchewka > Pierożki z soczewicą i boczkiem > Ser > Deser sojowo-truskawkowy (patrz str. 248)	> Awokado z krabem > Filety z barweny z bazylią (patrz str. 206) > Lody	> Kuskus > Kapusta z owocami morza (patrz str. 176) > Mrożony krem angielski z ananasem (patrz str. 240)
Podwieczorek	> 1 owoc	> Kruche ciasteczka	> 1 owoc
Kolacja	> Ogórki z jogurtem > Makaron z cukinią > Mus z dwóch cytryn (patrz str. 236)	> Sałata zielona > Pizza wegetariańska > 1 owoc	> Pory w sosie winegret > Lazanie > Mus z przyprawami (patrz str. 244)

Pamiętajcie o 3 łyżkach stołowych otrąb owsianych dziennie.

Omlet z miętą i curry (patrz str. 174)

Cynamonowe jabłka niespodzianki (patrz str. 254)

Piernik (patrz str. 228)

Ciasto pistacjowo-morelowe (patrz str. 242)

CZWARTEK (P)	PIĄTEK	SOBOTA	NIEDZIELA
> Ciepły napój > Beztłuszczowy biały serek > 1 placek z otrąb owsianych (patrz str. 42)	> Ciepły napój > Płatki zbożowe na mleku > 1 owoc	> Ciepły napój > Bułeczki z masłem > Konfitura	> Ciepły napój > Sok pomarańczowy > Rogalik
> Jajka na twardo > Tatar > Lody z musli (patrz str. 216)	> Sałatka nicejska > Makaron bavette z szalotkami > Szwajcarska zapiekanka ziemniaczana > Sałatka owocowa	> Sałatka z pomidorów i mozzarelli > Pieczeń jagnięca > Fasolka szparagowa > Piernik (patrz str. 228)	> Rzodkiewki > Kurczak z frytkami > Ciasto pistacjowo-morelowe (patrz str. 242)
> Pałeczki surimi	> 1 jogurt	> 1 placek z otrąb owsianych (patrz str. 42)	> Jogurt z owocami
> Omlet z miętą i curry (patrz str. 174) > Okoń z grilla > Beztłuszczowy jogurt	> Gazpacho > Filet z kurczaka po prowansalsku > Ratatuja > Cynamonowe jabłka niespodzianki (patrz str. 254)	> Kozi ser na sałacie > Szaszłyki z kurczaka z limonkami > Smażone cukinie > Tiramisu	> Zupa jarzynowa > Omlet z ziołami > 1 jogurt > 1 owoc

Proteinowy czwartek w praktyce (faza 4)

Jak to, ciągle jesteś na diecie?

Jeśli jeszcze tego nie zauważyliście, teraz na pewno się o tym przekonacie – wystarczy przejść na dietę, aby osoby z waszego otoczenia ciągle proponowały wam małe odstępstwa i powtarzały: „No, zrób sobie przyjemność!". Odżywianie zawsze było i będzie drażliwym tematem do rozmowy. Wybór tego, co jemy, odzwierciedla naszą kulturę, przekonania, wychowanie. Jeśli do tej pory udało wam się uniknąć tego typu uwag, mogą się one pojawić teraz, bo nie jesteście już na diecie. Jednak w każdy czwartek odżywiacie się inaczej.

Na reakcję otoczenia możecie odpowiedzieć na dwa sposoby:

- Potwierdzacie, że jesteście na diecie, i ucinacie dyskusję. Wasz sposób odżywiania dotyczy tylko was, nikomu nie przeszkadza. Nie zabraniacie jeść innym.
- Nie przyznajecie się. Nie musicie mieć ochoty wyjaśniać metody Dukana swojemu szefowi w biurze albo klientowi zaproszonemu na służbową kolację.

Oto kilka sztuczek…

W domu z rodziną

Raz w tygodniu zorganizujcie brunch. Proteinowy czwartek może być świetnym pretekstem do ustanowienia nowego rodzinnego rytuału: sprawcie, by wasze śniadanie miało odświętny charakter. Przygotujcie jajka, świeże wędliny i zimne mięsa. Podczas gdy pozostali domownicy uzupełnią swoje śniadanie chlebem i dżemem, wy spokojnie będziecie maczać kawałki kurczaka w jajku na miękko.

W restauracji

• Zamówcie półmisek owoców morza

To danie sprawia wrażenie bardzo wystawnego, więc nikt się nie zorientuje, że przestrzegacie zasad diety. Czy wiecie, że krab, rak, krewetki, małże, ostrygi i przegrzebki mają jeszcze mniej kalorii niż ryby?

• **Podłubcie w talerzu**
Zamówcie kawałek grillowanego mięsa, największy, jak to możliwe, z warzywami, za którymi specjalnie nie przepadacie, i zjedzcie tylko mięso.

• **Na deser zamówcie kawę**
Nikt nie będzie podejrzewał, że jesteście na diecie, jeśli zamówicie kawę, gdy pozostali poproszą o deser. Jeśli rozmowa się przedłuża, zamówcie jeszcze jedną kawę.

W podróży

Zabierzcie ze sobą proteiny w proszku. Trudno przestrzegać diety proteinowej na autostradzie, chociaż na niektórych stacjach benzynowych można znaleźć zimne mięsa czy surimi. Ale jeśli nie znajdziecie nic odpowiedniego, możecie zadowolić się proteinami w proszku wymieszanymi z jakimś chudym nabiałem (jeśli znajdziecie go na stacji).

Pytania – odpowiedzi

Rano zażywam lekarstwo i jem otręby. Czy należy je spożywać osobno?

→ Wszystko zależy od ilości spożywanych otrąb. Jedna lub dwie łyżki otrąb nie zakłócą działania lekarstwa, nawet jeśli jest słabo dozowane. Jeśli spożywacie trzy łyżki otrąb i zażywacie niewielką dawkę leku, lepiej brać ją wieczorem. Jeśli jest to normalna dawka lekarstwa, pora jego zażywania nie ma znaczenia, możecie brać je razem z otrębami.

Czy może mi Pan polecić jakiś pokarm, który hamuje głód?

→ Naturalnym produktem hamującym głód jest bakłażan. Weźcie duży bakłażan i za pomocą noża zróbcie po trzy jednocentymetrowe nacięcia z każdej strony. Do każdego nacięcia włóżcie ząbek czosnku. Następnie wstawcie bakłażan do piekarnika nagrzanego do 240°C.

→ Kiedy skórka zacznie skwierczeć i pękać, wyjmijcie bakłażan i wyłóżcie go na talerz. Następnie przekrójcie go wzdłuż na pół.

→ Weźcie połowę, doprawcie solą i pieprzem i zjedzcie miąższ łyżeczką jak lody. Kiedy skończycie, spróbujcie zasiąść do stołu. Uczucie sytości będzie już docierało do waszego mózgu. Przed głównym posiłkiem będziecie się czuli pełni, a pektyna zawarta w bakłażanie zabierze z organizmu kilka kalorii.

Kiedy w ciągu dnia najlepiej jeść otręby?

→ Jest kilka możliwości – wszystko zależy od waszego stylu życia i odżywiania.

→ Jeśli jesteście rannym ptaszkiem, który uwielbia porządne śniadania, powinniście rano zjeść doskonałe, smaczne i pożywne otręby. Przygotowujcie sobie placki, naleśniki lub owsiankę.

→ Jeśli lubicie coś przekąsić po południu, najlepszym momentem na otręby będzie godzina 17.

→ Jeśli jecie w biegu i nigdy nie macie czasu na przygotowanie prawdziwego posiłku, duży placek z otrąb (zrobiony z 2 łyżek stołowych otrąb owsianych, białego serka i białka) może posłużyć jako doskonała baza do przygotowania kanapki z wędzonym łososiem albo chudą szynką z kurczaka.

→ Jeśli lubicie podjadać po kolacji i wieczorem przetrząsacie szafki w poszukiwaniu słodyczy, słodki placek otrębowy z odtłuszczonym kakao będzie doskonałym sposobem, by nie podjadać.

Bilans fazy 4

Kto rusza w daleką podróż, siodła swojego wierzchowca

Dotarliście do końca podróży, do samego centrum waszego organizmu. Wypowiedzieliście mu wojnę, walczyliście z nim, a teraz pójdziecie dalej ręka w rękę. Wasze ciało jest waszym przyjacielem – nie lekceważcie tego. Kto rusza w daleką podróż, siodła swojego wierzchowca, jak mówi stare przysłowie. A dzisiaj większość z nas przejmuje się bardziej stanem własnego samochodu niż organizmu. Nie przyszłoby nam do głowy wlewać benzynę do silnika diesla albo nie zrobić ukochanemu autu przeglądu.

Pomyślcie o sobie i o swoim organizmie

Aby wasza kuracja skończyła się sukcesem, powinniście każdego dnia myśleć o sobie. Kiedy się odchudzaliście, poświęcaliście czas waszemu ciału, słuchaliście go, czasem męczyliście, ale zajmowaliście się nim. Trzeba to kontynuować. Dlatego tak ważny jest proteinowy czwartek.

Przy stole bądźcie niczym żółw

Troszczyć się o własne ciało to sprawiać sobie przyjemność. Jedzcie powoli, delektujcie się smakiem potraw, doceniajcie każdy kęs. Dajcie sobie czas, by cieszyć się życiem. Im szybciej ludzie jedzą, tym bardziej tyją.

Nie bierzcie dokładki

Nauczyliście się tego w fazie utrwalania wagi, podczas królewskich posiłków. Nie spieszcie się, ale też nie dokładajcie sobie kolejnej porcji. Ostatnia rada, która pomoże wam zarówno czerpać radość z jedzenia, jak i zachować linię: jedzcie nożem i widelcem. Dziwna rada? Fast foody i chipsy sprawiły, że zapominamy o posługiwaniu się sztućcami. Jeśli spokojnie zasiądziecie do stołu i będziecie jeść nożem oraz widelcem, z pewnością sprawicie sobie przyjemność i nie zjecie byle czego.

Popijajcie w trakcie jedzenia

Trzeba walczyć z bezsensownym przesądem – picie w trakcie jedzenia nie jest niezdrowe dla organizmu! Daje wam uczucie sytości, pozwala przerwać absorpcję stałych pokarmów i spowalnia rytm posiłku. Ponadto zimna woda obniża temperaturę spożytego pokarmu, co zmusza organizm do dodatkowej pracy. A im więcej ciało pracuje, tym więcej spala kalorii.

Jeśli przybędzie wam kilka kilogramów...

Nie czekajcie, aż przytyjecie jeszcze bardziej. Kiedy zauważycie, że tyjecie, zróbcie sobie na przykład dwa dni proteinowe w tygodniu. To powinno wystarczyć.

Teraz jestem pewien, że macie odpowiednią wiedzę, by po zamknięciu tej książki sprostać wyzwaniu – żyć przyjemnie, jedząc tak samo jak wszyscy przez 6 dni w tygodniu. Wasze dawne życie, w którym czuliście się źle we własnej skórze, to już przeszłość.

Faza stabilizacji wagi w skrócie...

Lekceważenie zasad fazy stabilizacji wagi to gwarancja ponownego przybrania na wadze.

W fazie stabilizacji odżywiacie się normalnie przez 6 dni w tygodniu.

Staracie się wprowadzać w życie to, czego nauczyliście się w trakcie diety: klasyfikujecie pokarmy pod kątem ich roli dla zdrowia – niezbędne do życia (proteiny, warzywa), dające przyjemność (cukry), podstawowe, użyteczne, smaczne.

Raz w tygodniu, najlepiej w czwartek, przechodzicie na ścisłą dietę proteinową.

Ta zasada jest bezdyskusyjna. Będzie waszą ochroną przed ponownym przybraniem na wadze.

W czwartki pijecie co najmniej 2 litry wody.

Codziennie jecie 3 łyżki stołowe otrąb owsianych.

Nie korzystacie z windy. Wasz organizm powinien być aktywny, nawet jeśli nie jesteście sportowcami.

Księga waszej wagi

• **Kto** dzisiaj ma czas przygotować i postawić 154 ważne pytania? Z pewnością nikt!
• **Kto** poświęciłby swój czas, by przeanalizować odpowiedzi, zrozumieć na ich podstawie przypadek człowieka, który ich udzielił, i opracowałby odpowiednie rozwiązanie?
• **Kto** chwyciłby za pióro, by zredagować podsumowanie wyników i opracować plan pomocy dla każdego przypadku z osobna?
• **Jaki** drukarz wydrukowałby taką książkę w jednym egzemplarzu i dostarczył ją do osoby, która ją zamówiła?
Wszystko to zrobiliśmy razem, ponieważ kierowaliśmy się pasją i pragnieniem stworzenia nowego, innowacyjnego rozwiązania w walce z nadwagą. Praktycznie wszyscy biorący udział w tym programie to wolontariusze, wśród nich 32 lekarzy, 4 inżynierów, genialny informatyk i graficy.

Dwie innowacje, które zmieniają wszystko: personalizacja i prowadzenie przez specjalistę

Personalizacja: podejście z ludzką twarzą

• Refleksja międzynarodowa

W 2003 roku powołałem do życia międzynarodową grupę badawczą, która zajmuje się niepokojącym rozprzestrzenianiem się plagi nadwagi i otyłości na świecie. Dietetycy amerykańscy, angielscy, hiszpańscy i niemieccy również obserwują to niepokojące zjawisko i szukają rozwiązania.
Jeden wniosek jest jasny: do tej pory nic nie było w stanie powstrzymać epidemii nadwagi, a walka z powszechnym tyciem została dodatkowo osłabiona przez ograniczenie badań nad przyczynami otyłości i brak jednej metody odchudzania, która uzyskałaby powszechną akceptację.
Przeprowadzona analiza wykazała także, że podstawową przeszkodą w chudnięciu jest restrykcyjny charakter diet odchudzających, który zachęca do konsumpcji. Aby temu zaradzić, potrzebna jest opieka nad pacjentem oparta na dwóch podstawowych elementach: osobistej relacji z tym, który ma zostać poddany restrykcyjnej kuracji, i prowadzeniu go przez specjalistę dzień po dniu, kilogram po kilogramie.

• Internet, platforma personalizacji

Wszelkie książki, metody i plany proponujące sposoby walki z nadwagą, jakakolwiek jest ich jakość, to metody ustandaryzowane, niebiorące pod uwagę konkretnej jednostki – z jej osobowością, dziedzicznymi skłonnościami, gustem kulinarnym.
Projekt „masowa personalizacja" to program mający na celu stworzenie osobnego studium każdego przypadku nadwagi. Pytania opracowane przez jednego z moich kolegów lekarzy pozwoliły na zebranie 154 odpowiedzi umożliwiających zdefiniowanie konkretnego przypadku.

Na podstawie indywidualnych cech danej osoby tworzony jest dla niej całościowy plan odchudzania. Przy tym projekcie pracowało 32 lekarzy i ekipa informatyków. Jego efektem jest powstanie pierwszego na świecie poradnika napisanego dla konkretnego odbiorcy.
Przeanalizowanie 10 000 przypadków pokazało, że spersonalizowane podejście do nadwagi to nowy, poważny oręż w walce z otyłością. Spadek wagi u przebadanych osób był optymalny, a wyniki w utrzymaniu i stabilizacji uzyskanej wagi były dużo lepsze niż w przypadku osób niekorzystających ze spersonalizowanego planu i pomocy lekarzy.

Codzienna pomoc specjalisty w walce z nadwagą

• Coaching przez internet

Międzynarodowa grupa badawcza jest zgodna, że codzienne prowadzenie pacjenta przez specjalistę ma wielką wagę. Ta rola należy do lekarza dietetyka. Tymczasem we Francji jest tylko 270 dietetyków na 20 milionów osób z nadwagą. Trzeba więc było stworzyć dostępny na szeroką skalę coaching. Takie możliwości daje tylko internet.
Uwaga! Jest wiele stron internetowych proponujących coaching. Według mojej wiedzy żadna z nich, nawet wśród największych, nie oferuje usług spersonalizowanych (nic nie odróżnia jednego użytkownika od drugiego) i nie jest prawdziwym prowadzeniem przez specjalistę (rady są ustandaryzowane i nie biorą pod uwagę cech osobniczych pacjenta uzyskanych w teście).

• Rano porady, wieczorem sprawozdanie

Ta sama ekipa lekarzy i specjalistów, którzy pracowali nad personalizacją kuracji, opracowała wyjątkowy serwis internetowy oparty na nowoczesnej, opatentowanej technologii: kanale EARQ (codzienny mailing zwrotny).
Każdego ranka użytkownik otrzymuje przygotowany specjalnie dla niego e-mail z 3 załącznikami zawierającymi menu na dany dzień, opis ćwiczeń fizycznych oraz motywujące porady.
Każdego wieczoru użytkownik odsyła e-mailem sprawozdanie opisujące wagę danego dnia, problemy, ewentualne odstępstwa od zasad, aktywność fizyczną, poziom motywacji, produkt, którego najbardziej mu brakowało. Następnie jego odpowiedzi są analizowane, by na ich podstawie przygotować zestaw porad na następny dzień. Taka codzienna wymiana informacji pozwala uzyskać maksymalną skuteczność stosowanej kuracji (przy minimalnej frustracji pacjenta) i utrzymać efekty diety długi czas.

W praktyce

Kwestionariusz zawierający 154 pytania pozwala stworzyć na podstawie zebranych informacji indywidualny profil pacjenta.

Odpowiedzi są analizowane, a po 8 dniach przygotowana zostaje synteza, wydrukowana w jednym egzemplarzu dla konkretnego użytkownika. Kwestionariusz można wypełnić w internecie na stronie: www.livredemonpoids.com lub znaleźć wersję drukowaną w książce *Maigrir à la carte.*

Coaching przez internet dostępny jest na stronie: www.regimedukan.com. Czytelnicy tej książki uzyskują dostęp i preferencyjne ceny po wpisaniu kodu „Flammarion”.

Przystawki i przekąski

Jajecznica z kawiorem z łososia

FAZA 1

- **Porcja dla 2 osób**
- **Czas przygotowania**
  15 minut
- **Czas gotowania**
  10 minut
- **Czas chłodzenia**
  10 minut
- **Składniki**
  > 3 całe jajka
  > 2 łyżeczki kawioru z łososia
  > sól, pieprz
  Krem chantilly
  > 2 ubite białka
  > 2 beztłuszczowe serki homogenizowane
  > sól, pieprz

Jajka wbić do rondelka o grubym dnie pokrytym powłoką zapobiegającą przywieraniu, doprawić solą i pieprzem. Gotować na wolnym ogniu, mieszając cały czas drewnianą szpatułką (zakreślając ósemki). Kiedy jajecznica uzyska kremową konsystencję, rozlać ją do miseczek.

Przygotować krem chantilly z ubitych białek i serków, soli i pieprzu.

Wlać krem na jajka i udekorować całość kawiorem z łososia.

Przed podaniem schłodzić w lodówce.

FAZA 2
P

Krewetki gambas w sosie waniliowym

- **Porcja dla 4 osób**
- **Czas przygotowania**
  15 minut
- **Czas gotowania**
  20 minut
- **Składniki**
  > 150 ml odtłuszczonej śmietany o zawartości do 3% tłuszczu (dopuszczalne)
  > 1 laska wanilii
  > 2 szalotki
  > 2 łyżki stołowe białego wina (fakultatywnie, dopuszczalne)
  > 12 krewetek gambas
  > pół łyżeczki kurkumy
  > ćwierć łyżeczki papryki

Śmietanę podgrzewać, aż zacznie wrzeć, następnie wrzucić do niej przełamaną na pół laskę wanilii.

Szalotki obrać, posiekać i zeszklić na małym ogniu (do smażenia zamiast tłuszczu użyć 4 łyżek stołowych wody) na patelni z powłoką zapobiegającą przywieraniu. Dolać białe wino i odparować. Następnie dodać obrane z pancerzyków krewetki i podsmażać je, aż staną się miękkie. Do krewetek wlać śmietanę (wcześniej wyjąć z niej wanilię), posypać wszystko kurkumą i papryką.

Przełożyć do salaterek i podawać na gorąco.

FAZA 2
P

Muszle św. Jakuba smażone na patelni, z pianką waniliową

- **Porcja dla 4 osób**
- **Czas przygotowania**
  20 minut
- **Czas gotowania**
  15 minut
- **Składniki**
  > 16 mrożonych przegrzebków
  > 150 ml skoncentrowanego wywaru z ryby
  > 1 laska wanilii
  > 10 kropli aromatu rumowego
  > 100 ml płynnej odtłuszczonej śmietany o zawartości do 3% tłuszczu (dopuszczalne) albo 100 ml beztłuszczowego białego serka
  > duża szczypta środka żelującego agar-agar

Muszle św. Jakuba, czyli przegrzebki, rozmrozić.

Wywar rybny wlać do rondla. Laskę wanilii rozciąć wzdłuż, połamać i wrzucić do wywaru. Doprowadzić bulion do wrzenia i gotować jeszcze 10 minut. Następnie przefiltrować wywar, a kawałki wanilii odłożyć do dekoracji.

Przegrzebki podsmażać 2–3 minuty na patelni z powłoką zapobiegającą przywieraniu. Następnie zdjąć je z patelni i odstawić w ciepłe miejsce.

Wywar, który powstał w czasie smażenia, rozcieńczyć na patelni 2 łyżkami stołowymi wody z kilkoma kroplami aromatu rumowego. Dolać go do bulionu rybnego, dodać śmietanę i agar-agar, wszystko razem delikatnie, ale dokładnie wymieszać i przefiltrować. Następnie ubić na pianę.

Przegrzebki wraz z pianką waniliową nałożyć do głębokich talerzy.

Udekorować pokruszoną laską wanilii.

Sakiewka z wędzonego łososia z małżami

FAZA 2
P

- **Porcja dla 1 osoby**
- **Czas przygotowania**
  5 minut
- **Czas gotowania**
  5 minut
- **Składniki**
  > 10 ugotowanych małży
  > 1 łyżeczka odtłuszczonej śmietany o zawartości do 3% tłuszczu (dopuszczalne)
  > 1 duży plaster wędzonego łososia
  > 25 g twarożku lub beztłuszczowego białego serka
  > 1 gałązka szczypiorku

Ugotowane małże podgrzewać 5 minut na patelni z powłoką zapobiegającą przywieraniu. W ostatniej chwili dodać śmietanę.

Plaster łososia rozłożyć na talerzu i posmarować serkiem, a następnie ułożyć na nim małże.

Zamknąć sakiewkę, związując końcówki łososia szczypiorkiem.

FAZA 2
PW

Przekładaniec ogórkowo-łososiowy

- **Porcja dla 6 osób**
- **Czas przygotowania**
  15 minut
- **Składniki**
  > 1 ogórek
  > 180 g wędzonego łososia
  > 50 g twarożku lub białego beztłuszczowego serka
  > 3 gałązki tymianku
  > 1 mały słoiczek kawioru z łososia
  > sól, pieprz

Ogórek opłukać, osuszyć i obrać. Pokroić na 10-centymetrowe części, a następnie każdą część pokroić w cienkie paseczki. Lekko posolić.

Plastry łososia podzielić na 3 części, każdą doprawić do smaku pieprzem.

Zrobić 6 przekładańców, układając kolejno warstwy: plaster ogórka, serek, plaster łososia, serek i na koniec plaster ogórka. Posypać listkami tymianku.

Udekorować przekładańce kawiorem z łososia i schłodzić przed podaniem.

FAZA 2 PW

Krewetki w sosie curry z pomidorkami koktajlowymi

- **Porcja dla 2 osób**
- **Czas przygotowania**
  10 minut
- **Czas gotowania**
  10 minut
- **Składniki**
  > 16 krewetek
  > 100 ml odtłuszczonej śmietany o zawartości do 3% tłuszczu (dopuszczalne)
  > 15 kropli aromatu kokosowego
  > pół łyżeczki curry
  > ćwierć łyżeczki mielonej słodkiej papryki
  > 8 pomidorków koktajlowych

Krewetki obrać z pancerzyków i zrumienić na patelni z powłoką zapobiegającą przywieraniu.

W czasie gdy krewetki się smażą, przygotować sos – wymieszać śmietanę z aromatem kokosowym, curry i słodką papryką.

Kiedy krewetki usmażą się na złoty kolor, wlać sos na patelnię i delikatnie zamieszać, by krewetki się nim pokryły.

Nałożyć przygotowane danie do głębokich talerzy i dodać pomidorki (z wbitymi wykałaczkami, aby ułatwić jedzenie).

W fazie trzeciej, utrwalania wagi, możecie zastąpić śmietanę z aromatem 100 ml prawdziwego mleka kokosowego.

FAZA 2
PW

Galareta z jajkiem, homarem i wędzonym łososiem

- **Porcja dla 6 osób**
- **Czas przygotowania**
  20 minut
- **Czas gotowania**
  30 minut
- **Czas chłodzenia**
  2 godziny
- **Składniki**
  > 3 jajka
  > 1 porcja żelatyny (ok. 24 g)
  > 1 pęczek białych szparagów
  > pół mrożonego ugotowanego homara
  > 3 plastry wędzonego łososia
  > pół pęczka natki pietruszki

Jajka ugotować na twardo, obrać i przekroić na pół.

Przygotować żelatynę zgodnie z przepisem na opakowaniu.

Szparagi ugotować, ostudzić i dokładnie osuszyć.

Homara pokrojonego na części rozłożyć do małych miseczek, przykryć połówkami jajek (żółtkami do dołu), zalać galaretą i wstawić na co najmniej 2 godziny do lodówki.

Tuż przed podaniem wyjąć galaretkę z miseczek i ułożyć na talerzykach, na przekrojonych na pół plastrach wędzonego łososia. Obok ułożyć szparagi. Posypać posiekaną pietruszką.

FAZA 2
P

Minibabeczki z wędzonym łososiem

- **Składniki na ok. 50 sztuk**
- **Czas przygotowania**
  25 minut
- **Czas pieczenia**
  20 minut
- **Składniki**
  Ciasto
  > 4 łyżki stołowe otrąb owsianych
  > 2 łyżki stołowe otrąb pszennych
  > pół torebki proszku do pieczenia
  > 3 łyżki stołowe beztłuszczowego białego serka
  > 3 całe jajka + 1 białko
  > 1 łyżeczka aromatu z gorzkich migdałów
  > sól, pieprz
  Przybranie
  > 100 g beztłuszczowego twarożku
  > 3 łyżeczki beztłuszczowego białego serka
  > świeże zioła lub szczypiorek
  > 2 duże plastry wędzonego łososia
  > sól, pieprz

Wyjąć grill z piekarnika i nagrzać piekarnik do temperatury 210°C.

W misce wymieszać otręby, proszek do pieczenia, biały serek, jajka, białko i aromat migdałowy. Odrobinę posolić i popieprzyć.

Ciasto wlać do silikonowej formy na minibabeczki. Umieścić na grillu i piec w piekarniku około 20 minut. Czas pieczenia zależy od piekarnika, trzeba pilnować, żeby ciasto się nie spaliło.

W miseczce wymieszać twarożek i biały serek. Całość dobrze rozgnieść widelcem. Doprawić solą i pieprzem i dodać trochę posiekanych świeżych ziół lub drobno posiekanego szczypiorku.

Masę rozłożyć na zakąskach za pomocą małej łyżeczki albo rożka.

Łososia pokroić na małe kwadraciki i ułożyć je na warstwie serka.

Babeczki ozdobić gałązkami świeżych ziół.

Zamiast łososia można użyć kawioru, a masę z serków zastąpić musem z tuńczyka, łososia albo wędzonego tofu.

Lekki duet łososiowo-brokułowy

FAZA 2
PW

- **Porcja na 12 salaterek**
- **Czas przygotowania**
  15 minut
- **Czas chłodzenia**
  1 godzina
- **Składniki**
  Mus łososiowy
  > 150 g wędzonego łososia
  > 8 łyżek stołowych beztłuszczowego białego serka
  > sok z połowy cytryny
  > sól, pieprz
  Mus brokułowy
  > pół ugotowanego brokułu
  > 50 g beztłuszczowego twarożku
  > 1 łyżka stołowa beztłuszczowego białego serka
  > sok z połowy cytryny
  > odrobina mielonego curry (do dekoracji)
  > sól, pieprz

Łososia zmiksować z białym serkiem i sokiem z cytryny, tak aby uzyskać jednolitą masę kremową. Posolić, doprawić pieprzem i wlać do salaterek. Odstawić do lodówki na czas przygotowania musu z brokułów.

Brokuł zmiksować z twarożkiem, białym serkiem i sokiem z cytryny. Posolić, doprawić pieprzem. Masę brokułową wylać na mus z łososia. Całość posypać curry i wstawić do lodówki na 1 godzinę.

Wyjąć salaterki z lodówki 10 minut przed podaniem.

Ogórek z kawiorem z taszy

FAZA 2 PW

- **Porcja dla 4 osób**
- **Czas przygotowania**
  20 minut
- **Czas gotowania**
  3 minuty
- **Czas chłodzenia**
  10 minut
- **Składniki**
  > pół długiego, cienkiego ogórka
  > 6 łyżek stołowych beztłuszczowego białego serka
  > 50 g beztłuszczowego twarożku
  > 1 słoiczek czerwonej ikry taszy (100 g)

Ogórek obrać i zachować skórki. Zanurzyć je na 3 minuty we wrzątku, aby stały się bardziej elastyczne. Odsączyć i odstawić.

Ogórek pokroić na 4 jednakowe kawałki. Każdy kawałek delikatnie wydrążyć, zostawiając mniej więcej centymetrowej grubości dno.

Biały serek wymieszać z twarożkiem. Napełnić ogórki uzyskaną masą. Całość udekorować kawiorem.

Skórki ogórka pokroić wzdłuż na cienkie niteczki, obwiązać nimi kawałki ogórka jak wstążeczką.

Odstawić do lodówki aż do momentu podania.

FAZA 2 PW

Piramida z grillowanych warzyw

- **Porcja dla 8 osób**
- **Przygotować dzień przed podaniem**
- **Czas przygotowania**
  30 minut
- **Czas gotowania**
  25 minut
- **Czas chłodzenia**
  24 godziny
- **Składniki**
  > 2 bakłażany
  > 5 cukinii
  > 2 czerwone papryki
  > 2 żółte papryki
  > 4 g środka żelującego agar-agar
  > 200 ml przecieru pomidorowego albo 200 ml bulionu drobiowego bez tłuszczu
  > wiązka świeżej bazylii
  > sól, pieprz

Bakłażany oraz cukinie umyć i pokroić na plasterki. Wszystkie warzywa upiec na grillu w piekarniku nagrzanym do temperatury 180°C. Papryki wyjąć z piekarnika, kiedy ich skórka sczernieje, a następnie włożyć do plastikowej torebki, aby można było je łatwiej obrać. Pokroić paprykę na plastry.

W rondlu wymieszać agar-agar z przecierem pomidorowym albo bulionem. Doprowadzić do wrzenia i gotować 2 minuty. Doprawić solą i pieprzem.

Przygotować formę na babkę (lub inną formę). Na dnie naczynia ułożyć warzywa, które posłużą za dekorację. Układać warzywa na przemian, tak aby widać było wyraźnie kolorowe warstwy. Wlać odrobinę płynu żelującego pomiędzy warstwy i włożyć kilka listków bazylii, aby dodać potrawie dodatkowego aromatu.
Kiedy wszystkie warzywa są już ułożone, należy wlać do formy resztę płynu, delikatnie ugniatając plasterki warzyw. Formę przykryć talerzykiem i obciążyć, aby dodatkowo ugnieść warzywa, i wstawić do lodówki na co najmniej 24 godziny.

Wyjąć z formy tuż przed podaniem, skropić sosem winegret i udekorować listkami bazylii.

FAZA 2
PW

Lekki mus porowy z sosem pomidorowym

- **Porcja dla 4 osób**
- **Czas przygotowania**
  20 minut
- **Czas gotowania**
  20 minut
- **Czas chłodzenia**
  2 godziny
- **Składniki**
  > 3 białe części pora
  > pół kostki bulionu rosołowego bez tłuszczu
  > 400 g tofu
  > 2 łyżki stołowe sosu teriyaki (sosu japońskiego) lub sojowego
  > 2 g środka żelującego agar-agar
  > 150 ml odtłuszczonego mleka
  > 4 duże pomidory
  > sól, pieprz

Pory umyć i pokroić na cienkie plasterki. Przyrumienić je w rondelku na 4 łyżkach stołowych wody i połowie kostki bulionowej. Następnie zalać wodą i przykryć rondelek. Gotować około 10 minut – pory powinny być miękkie.

Pory odcedzić i zmiksować z tofu i sosem teriyaki.

W garnku wymieszać agar-agar z odtłuszczonym mlekiem (można użyć również mleka sojowego). Doprowadzić do wrzenia i gotować 30 sekund na bardzo małym ogniu. Mleko połączyć z kremem porowym i wszystko dokładnie zmiksować. Doprawić solą i pieprzem.

Uzyskaną masę wlać do foremek wyłożonych folią spożywczą. Pozostawić do wystygnięcia w temperaturze pokojowej, a następnie wstawić na 2 godziny do lodówki.

Pomidory obrać i zmiksować z odrobiną wody. Wlać sos pomidorowy na każdy talerz, wyjąć mus z foremek i delikatnie ułożyć na sosie. Udekorować wedle uznania.

Tofu znajdziecie w sklepach ze zdrową i dietetyczną żywnością.

Zupa na Halloween

FAZA 2 PW

- **Porcja dla 4–6 osób**
- **Czas przygotowania**
  15 minut
- **Czas gotowania**
  1 godzina
- **Składniki**
  > 250 g miąższu dyni
  > 1 średnia cebula
  > 1 koper włoski
  > 0,5 l chudego mleka
  > 1 marchewka
  > sól, pieprz

Wyjąć miąższ z dyni i usunąć ziarenka. Miąższ pokroić w kostkę o grubości około 1 centymetra.

Cebulę obrać i posiekać. Marchewkę obrać i pokroić na cienkie paseczki. Bulwę kopru włoskiego również pokroić na cienkie paseczki. Cebulę, marchewkę i koper przyrumienić na 4 łyżkach stołowych wody na patelni z powłoką zapobiegającą przywieraniu. Kiedy woda wyparuje, dodać pokrojoną w kostkę dynię i podlać jeszcze odrobiną wody. Warzywa dusić pod przykryciem 40 minut, od czasu do czasu mieszając i sprawdzając, czy nie przywierają. Jeśli przywierają, podlać wodą.

W rondlu podgrzać mleko.

Zmiksować zupę dyniową, stopniowo dolewając mleko. Doprawić solą i pieprzem. Rozlać do głębokich talerzy.

FAZA 2
PW

Mus z szynki z sosem pomidorowym

- **Porcja dla 6 osób**
- **Czas przygotowania**
  20 minut
- **Czas chłodzenia**
  1 godzina
- **Składniki**
  Mus z szynki
  > 100 g szynki (z indyka, z kurczaka lub pierś bez tłuszczu)
  > 25 g beztłuszczowego twarożku
  > 100 ml płynnej śmietany o zawartości do 3% tłuszczu (dopuszczalne)
  > szczypta papryki
  > pieprz
  Sos pomidorowy
  > puszka pomidorów w zalewie
  > 1 ząbek czosnku
  > 50 g beztłuszczowego twarożku
  > 1 łyżeczka posiekanego szczypiorku
  > kilka listków bazylii (do dekoracji)

Wszystkie składniki musu dokładnie zmiksować. To samo zrobić ze składnikami sosu.

Odstawić mus i sos na 1 godzinę do lodówki.

Napełnić małe salaterki musem i sosem pomidorowym warstwami, zaczynając od musu z szynki.

Udekorować 1 lub 2 gałązkami bazylii.

FAZA 2
PW

Salaterki pełne świeżości

- **Porcja dla 6 osób**
- **Czas przygotowania**
  15 minut
- **Składniki**
  > 3 łyżki stołowe posiekanego surimi
  > pół ugotowanego brokułu
  > sok z 1 limonki
  > 50 g [redacted] uszczowego twarożku
  > 2 łyżki stołowe płynnej śmietany o zawartości tłuszczu nieprzekraczającej 3% (dopuszczalne)
  > 1 łyżeczka anyżku
  > 3 plastry wędzonego łososia
  > szczypiorek
  > pieprz

Posiekane surimi ułożyć na dnie każdej salaterki.

Ugotowany brokuł rozgnieść lub zmiksować na purée i skropić sokiem z limonki. Ułożyć warstwę purée na surimi.

Twarożek zmiksować ze śmietaną, anyżkiem i pieprzem. Nałożyć warstwę twarożku na brokuły.

Plastry łososia pokroić na cienkie paski. Rybę zwinąć w ruloniki i ułożyć na wierzchu.

Udekorować odrobiną posiekanego surimi i drobno pokrojonego szczypiorku.

Ogórek z wędzonym łososiem

FAZA 2
PW

- **Porcja dla 6 osób**
- **Czas przygotowania**
  30 minut
- **Czas chłodzenia**
  6 godzin
- **Składniki**
  > 1 ogórek
  > 1 łyżeczka środka żelującego agar-agar
  > 2 plastry wędzonego łososia
  > szczypta soli

Zagotować 250 ml wody ze szczyptą soli.

Nim woda się zagotuje, ogórek obrać ze skóry, przekroić wzdłuż i usunąć pestki.

Do wrzącej wody dodać agar-agar, dobrze wymieszać, by się rozpuścił, i gotować jeszcze 2 minuty. Zdjąć z ognia, wrzucić ogórek i wszystko razem zmiksować.

Posiekać wędzonego łososia.

Masę ogórkową wlać do silikonowych foremek na babeczki (lub innych) do połowy ich wysokości, dodać 1 łyżkę stołową posiekanego łososia i zakończyć warstwą masy ogórkowej.
Wstawić do lodówki, aby masa stężała.

Chłodzić w lodówce co najmniej 6 godzin przed podaniem.

Zupa paprykowa z imbirem

FAZA 2 PW

- **Porcja dla 4 osób**
- **Czas przygotowania**
  20 minut
- **Czas gotowania**
  50 minut
- **Składniki**
  > 3 czerwone papryki
  > 1 czerwona cebula
  > 2 ząbki czosnku
  > 1 pięciocentymetrowy kawałek imbiru starty na tarce
  > 1 łyżeczka mielonego kminku
  > 1 łyżeczka mielonej kolendry
  > 1 łyżka stołowa skrobi kukurydzianej (dopuszczalne)
  > 900 ml odtłuszczonego bulionu z kury
  > 4 łyżki stołowe beztłuszczowego białego serka
  > sól, pieprz

Nagrzać piekarnik do temperatury 200°C.

Przekrojone na pół papryki, obraną i pokrojoną w ćwiartki cebulę i ząbki czosnku w łupinkach ułożyć na blasze z powłoką zapobiegającą przywieraniu. Piec w piekarniku 4 minuty, aż skórka papryki zacznie pękać.

W rondlu z powłoką zapobiegającą przywieraniu rozgrzać 4 łyżki stołowe wody, dodać imbir, kminek oraz kolendrę i delikatnie przysmażać 5 minut. Dodać skrobię kukurydzianą, dobrze wszystko wymieszać i doprawić solą oraz pieprzem. Wlać bulion z kury, przykryć i gotować na małym ogniu 30 minut.

Ząbki czosnku obrać i rozgnieść. Wrzucić czosnek i cebulę do zupy.

Połówki papryki obrać ze skórki. Jedną połówkę pokroić w cienkie paseczki (do dekoracji), a pozostałe wrzucić do bulionu. Gotować zupę na małym ogniu 5 minut.

Zmiksować zupę do uzyskania gładkiej konsystencji. Podgrzać.

Podawać z 1 łyżką stołową białego serka na porcję i udekorowaną paseczkami papryki.

Tofu tandoori

FAZA 2
PW

- **Porcja dla 2 osób**
- **Czas przygotowania**
  10 minut
- **Czas chłodzenia**
  3–8 godzin
- **Czas pieczenia**
  25 minut
- **Składniki**
  > 1 łyżka stołowa soku z cytryny
  > 1 beztłuszczowy jogurt
  > 2 łyżki stołowe przyprawy tandoori
  > 250 g twardego tofu
  > sól, pieprz

Jogurt wymieszać z sokiem z cytryny i przyprawami.

Tofu pokroić w kostkę i dodać do jogurtu. Wymieszać, tak aby kostki tofu były całkowicie pokryte jogurtem. Odstawić do lodówki na kilka godzin, a najlepiej na całą noc.

Rozgrzać piekarnik do temperatury 240°C.

Kostki tofu wraz z jogurtową marynatą przełożyć do naczynia żaroodpornego. Piec w piekarniku 25 minut, regularnie przewracając, żeby upiekły się równomiernie.

W kostki tofu wbić drewniane wykałaczki. Podawać na ciepło.

Twarde tofu znajdziecie w sklepach ze zdrową, ekologiczną żywnością.

FAZA 2
PW

Koktajl pomidorowy z suszonym mięsem z Grisons

- **Porcja dla 6 osób**
- **Czas przygotowania**
  20 minut
- **Składniki**
  > 3 średnie pomidory
  > 6 marchewek
  > 300 g selera naciowego
  > pół pęczka trybuli ogrodowej
  > 6 szczypt mielonego curry
  > 12 plastrów suszonego mięsa z Grisons
  > sól, pieprz

Pomidory sparzyć, obrać i usunąć z nich gniazda nasienne. Marchewki umyć, obrać i drobno pokroić. Oberwać listki selera i drobno posiekać gałązki.

Wszystkie warzywa zmiksować, doprawić solą i pieprzem.

Trybulę drobno posiekać.

Koktajl warzywny przelać do 6 szklaneczek. Posypać szczyptą curry i posiekaną trybulą. Na koniec dodać do każdego koktajlu po 2 plasterki suszonego mięsa z Grisons pokrojone na cienkie paseczki.

Placek dyniowy

FAZA 3

- **Porcja dla 8 osób**
- **Czas przygotowania**
  15 minut
- **Czas pieczenia**
  1 godzina 5 minut
- **Składniki**
  > 400 g miąższu dyni
  > 3 całe jajka
  > 10 kropli aromatu maślanego
  > 20 kropli aromatu kasztanowego
  > 100 ml chudego mleka
  > 50 g mąki
  > 50 g otrąb owsianych
  > 5 g proszku do pieczenia
  > 150 g piersi kurczaka pokrojonej w kosteczkę
  > 100 g startego ementalera o obniżonej zawartości tłuszczu (najwyżej 5%)
  > natka pietruszki
  > szczypta gałki muszkatołowej
  > sól, pieprz

Dynię obrać ze skóry, a miąższ pokroić w 1-centymetrową kostkę. Podsmażyć na patelni z powłoką zapobiegającą przywieraniu na 4 łyżkach stołowych wody. Od czasu do czasu mieszać, w razie potrzeby dolać wody. Sprawdzić miękkość dyni czubkiem noża. Jeśli nóż łatwo wchodzi w miąższ, wyłączyć ogień. Zmiksować dynię na purée i odstawić.

Rozgrzać piekarnik do temperatury 210°C.

W misce ubić jajka jak na omlet, dodać aromaty. Delikatnie połączyć masę jajeczną z dyniowym purée, mlekiem, mąką, otrębami owsianymi, proszkiem do pieczenia. Dobrze wszystko wymieszać. Dodać kurczaka i ementaler. Posypać natką pietruszki, gałką muszkatołową, solą i pieprzem.

Przełożyć masę do formy na ciasto lub suflet i piec w piekarniku około 50–65 minut. Sprawdzić czubkiem noża lub drewnianym patyczkiem, czy placek jest gotowy.

Dania główne

Omlet z miętą i curry

FAZA 1

- **Porcja dla 2 osób**
- **Czas przygotowania**
  5 minut
- **Czas gotowania**
  10 minut
- **Składniki**
  > 4 jajka
  > 50 g beztłuszczowego białego serka
  > duża szczypta curry
  > kilka listków świeżej mięty
  > sól, pieprz

W misce ubić jajka z serkiem. Doprawić solą i pieprzem. Dodać curry.

Listki mięty posiekać i dodać do masy. Wszystko dobrze wymieszać.

Usmażyć omlet z każdej strony, na małym ogniu, na patelni z powłoką zapobiegającą przywieraniu.

FAZA 2
PW

Kapusta z owocami morza

- **Porcja dla 4 osób**
- **Czas przygotowania**
  30 minut
- **Czas gotowania**
  1 godzina 15 minut
- **Składniki**
  > 2 kg kapusty kiszonej
  > 10 ziaren jałowca
  > 100 ml rieslingu (dopuszczalne)
  > 600 g fileta z molwy
  > 12 przegrzebków (muszli św. Jakuba)
  > 6 małży
  > 2 filety z łupacza
  > 6 krewetek
  > 6 cienkich plasterków wędzonego węgorza
  > pęczek koperku
  > sól, pieprz
  > drewniane wykałaczki o długości 12 cm

  Sos
  > 2 szalotki
  > 100 ml rieslingu
  > 10 kropli aromatu maślanego
  > sól, pieprz

Kapustę kilkakrotnie przepłukać. Włożyć ją do koszyka szybkowaru, dodać ziarna jałowca, skropić rieslingiem, zalać 400 ml wody i gotować 1 godzinę i 15 minut.

Filet z molwy pokroić na 16 kostek i posypać pieprzem. Przygotować szaszłyki, nabijając na drewniane patyczki kostki molwy na przemian z przegrzebkami.

Małże opłukać i oczyścić. 20 minut przed końcem gotowania kapusty dorzucić do szybkowaru szaszłyki, 10 minut później dodać łupacza i małże, 7 minut później dodać krewetki i plastry wędzonego węgorza.

W trakcie gotowania kapusty przygotować sos. Szalotki obrać i posiekać, następnie wrzucić na patelnię, podlać winem i 5 łyżkami stołowymi wody. Dodać aromat maślany, doprawić solą i pieprzem. Odparować na mocnym ogniu. Trzymać w ciepłej kąpieli wodnej aż do momentu podania.

Ułożyć kopiaste porcje kapusty na gorących talerzach. Na wierzchu położyć owoce morza i ryby. Udekorować kilkoma gałązkami koperku. Sos podawać osobno.

FAZA 2
PW

Zapiekanka z dorsza z kurkami

- **Porcja dla 4 osób**
- **Czas przygotowania**
  30 minut
- **Czas gotowania**
  40 minut
- **Składniki**
  > 600 g dorsza
  > 1 mały pęczek tymianku
  > 2 cebule
  > 4 goździki
  > 2 listki laurowe
  > 1 pęczek pietruszki
  > 400 ml bulionu drobiowego bez tłuszczu
  > 250 g kurek
  > 3 ząbki czosnku
  > 200 ml śmietany o zawartości tłuszczu do 3%
  > 2 garście tartego ementalera o zawartości tłuszczu do 5% (dopuszczalne)
  > sól, pieprz

W przeddzień przygotowania potrawy wymoczyć rybę, aby stała się mniej słona.

W rondlu podgrzać wodę. Włożyć dorsza, tymianek, 1 cebulę naszpikowaną 4 goździkami, listki laurowe i odrobinę pietruszki. Gotować wszystko 10 minut.

Do dużego rondla z płaskim dnem wlać 200 ml bulionu drobiowego, dodać oczyszczone kurki. Doprawić solą i pieprzem. Gotować, aż grzyby będą miękkie.

Z ugotowanego dorsza zdjąć skórę i usunąć ości.

Rozgrzać piekarnik do temperatury 180°C.

Rozgnieciony czosnek i posiekaną pietruszkę dodać do ugotowanych kurek. Zamieszać, wyłączyć ogień, przykryć i zostawić na chwilę, aby kurki przeszły aromatem przypraw.

Na patelni z powłoką zapobiegającą przywieraniu przyrumienić 1 posiekaną cebulę, dolać 200 ml bulionu drobiowego. Gotować na małym ogniu, aż woda całkowicie odparuje.

Zapalić ogień pod kurkami. Dodać do grzybów podsmażoną cebulę i dorsza, delikatnie wymieszać (żeby kawałki ryby się nie rozpadły) i dodać śmietanę. Całość przełożyć do naczynia na zapiekankę. Posypać serem i wstawić do piekarnika na 20 minut.

Skorupiaki śródziemnomorskie

FAZA 2 PW

- **Porcja dla 2–4 osób**
- **Czas przygotowania**
  10 minut
- **Czas gotowania**
  35 minut
- **Składniki**
  > 6 szalotek
  > 400 g pomidorów obranych i pokrojonych w grubą kostkę
  > 1 łyżeczka aromatu koniaku
  > 1 gałązka tymianku
  > 1 łyżka stołowa majeranku
  > 100 ml śmietany o zawartości tłuszczu do 3% (dopuszczalne)
  > 1 kg skorupiaków
  > 1 łyżka stołowa skrobi kukurydzianej (dopuszczalne)

Szalotki obrać i posiekać, a następnie zeszklić na 4 łyżkach stołowych wody. Zwiększyć ogień i dodać pomidory, aromat koniaku, zioła, śmietanę i skrobię kukurydzianą rozpuszczoną wcześniej w 2 łyżkach wody. Podsmażać wszystko 5 minut.

Skorupiaki opłukać, dodać do sosu pomidorowego i gotować na średnim ogniu 25 minut.

Podawać z ulubionymi warzywami.

FAZA 2
P

Medaliony z soli z łososiem

- **Porcja dla 4 osób**
- **Czas przygotowania**
  20 minut
- **Czas pieczenia**
  20 minut
- **Składniki**
  > ok. 160 g łososia (1 kawałek)
  > 4 filety z soli
  > 1 cytryna
  > gruba sól, pieprz

Rozgrzać piekarnik do temperatury 200°C.

Łososia pokroić na 4 części, usunąć skórę.

Każdy kawałek łososia owinąć filetem z soli i przewiązać białą nitką.

Medaliony włożyć do żaroodpornego naczynia. Posypać odrobiną grubej soli, mielonym pieprzem i na każdym położyć plasterek cytryny.

Wstawić danie do rozgrzanego piekarnika i piec 20 minut.

Podawać z sosem beszamelowym albo (w fazie naprzemiennej) z przecierem pomidorowym.

Królik w musztardzie z duszonymi cykoriami

FAZA 2 PW

- **Porcja dla 4 osób**
- **Czas przygotowania**
  15 minut
- **Czas gotowania**
  55 minut
- **Składniki**
  > 1 królik pokrojony na części
  > 2 szalotki
  > 0,5 litra odtłuszczonego bulionu
  > 3 łyżki stołowe musztardy
  > 2 łyżki stołowe gęstej śmietany o zawartości tłuszczu do 3% (dopuszczalne)
  > szczypta imbiru
  > 1 łyżka stołowa posiekanej natki pietruszki
  > 1 gałązka rozmarynu
  > sól, pieprz

  Cykorie
  > 3 kg cykorii
  > 1 odtłuszczona kostka rosołowa
  > 1 łyżka stołowa posiekanej natki pietruszki
  > pieprz

Dno rondla posmarować cienką warstwą oliwy (najlepiej za pomocą papierowego ręcznika). Wlać do garnka 100 ml wody i doprowadzić ją do wrzenia. Włożyć kawałki królika i zrumienić mięso ze wszystkich stron. Dodać obrane i posiekane szalotki, przyrumienić je, ciągle mieszając. Zalać królika bulionem, doprawić solą i pieprzem, przykryć i dusić 30 minut.

Następnie dodać musztardę, śmietanę, imbir, natkę pietruszki i rozmaryn. Wszystko dokładnie wymieszać drewnianą łyżką. Gotować całość jeszcze 15 minut.

W czasie duszenia królika przygotować cykorie. Pokroić je na plasterki o grubości około 2 cm i opłukać. Ułożyć na ściereczce, aby wchłonęła wodę. Następnie ułożyć cykorie na patelni i delikatnie podsmażać, aż puszczą sok. Kostkę bulionową rozkruszyć, rozpuścić w 100 ml wody i otrzymany bulion dodać do cykorii. Delikatnie doprawić warzywa pieprzem, na koniec dodać natkę pietruszki. Dusić cykorie jeszcze kilka chwil, aż woda wyparuje.

Małże na sposób orientalny

FAZA 2
PW

- **Porcja dla 2 osób**
- **Czas przygotowania**
  10 minut
- **Czas gotowania**
  10 minut
- **Składniki**
  > 1 kg małży
  > 1 słoiczek koncentratu pomidorowego
  > 2 szalotki
  > pół pęczka natki pietruszki
  > 1 łyżeczka mielonego kminku
  > szczypta mielonego imbiru

Oczyszczone małże wrzucić do rondla.

Zalać je do połowy wodą, dodać koncentrat pomidorowy i gotować na małym ogniu.

Szalotki obrać, posiekać i dodać do małży.

Następnie dodać trochę posiekanej natki pietruszki, kminek i imbir.

Potrawa jest gotowa, gdy małże się otworzą.

FAZA 2 PW

Potrawka cielęca z koprem włoskim

- **Porcja dla 4 osób**
- **Czas przygotowania**
  35 minut
- **Czas gotowania**
  1 godzina 15 minut
- **Składniki**
  > 4 bulwy kopru włoskiego
  > 1 duża cebula
  > 4 marchewki
  > 1 por
  > 800 g chudej cielęciny
  > 1 odtłuszczona kostka rosołowa
  > 2 goździki
  > 2 gwiazdki anyżu
  > 2 listki laurowe
  > 2 łyżki stołowe skrobi kukurydzianej (dopuszczalne)
  > 800 g dyni
  > 1 łyżeczka mielonego curry
  > sól, pieprz

Odkroić twardą końcówkę każdej bulwy kopru.

Cebulę obrać i drobno posiekać. Marchewki obrać i pokroić na cienkie plasterki. Koper włoski i por drobno pokroić. Warzywa wrzucić do sitka i przepłukać. Cielęcinę umyć, osuszyć i pokroić na duże kawałki. Mięso i cebulę podsmażyć na 2 łyżkach wody na patelni z powłoką zapobiegającą przywieraniu. Kiedy cielęcina się przyrumieni, zalać ją wodą i dodać pokruszoną kostkę rosołową. Wszystko dokładnie wymieszać. Dodać do bulionu warzywa, goździki, anyż i listki laurowe. Doprawić solą oraz pieprzem i doprowadzić do wrzenia. Mięso dusić na małym ogniu 1 godzinę, od czasu do czasu mieszając. W ostatniej chwili dodać skrobię kukurydzianą. Spróbować i w razie potrzeby doprawić do smaku.

W czasie gdy mięso się dusi, obrać dynię ze skóry. Miąższ pokroić w kostkę o grubości 1 cm. Na dno patelni z powłoką zapobiegającą przywieraniu wlać odrobinę wody, wrzucić dynię i dusić ją 30–40 minut, aż będzie miękka. Dolać wody, jeśli wyparuje. Pod koniec gotowania doprawić dynię curry, solą i pieprzem, a potem rozgnieść widelcem.

Potrawkę cielęcą rozłożyć na talerze i podawać z purée z dyni.

W fazie utrwalania wagi można podawać potrawkę np. z ryżem.

Flan marchewkowy

FAZA 2
PW

- **Porcja dla 4 osób**
- **Czas przygotowania**
  15 minut
- **Czas pieczenia**
  20 minut
- **Składniki**
  > 200 g marchewki
  > 2 jajka
  > 200 ml beztłuszczowego białego serka (lub 100 ml beztłuszczowego serka + 100 ml śmietany o zawartości 3% tłuszczu)
  > ćwierć łyżeczki mielonej gałki muszkatołowej
  > 1 duża garść startego ementalera zawierającego maksymalnie 5% tłuszczu
  > natka pietruszki
  > sól, pieprz

Wyjąć grill z piekarnika i rozgrzać piekarnik do temperatury 240°C.

Marchewki umyć, obrać i zetrzeć na tarce.

W misce ubić jajka razem z białym serkiem, gałką muszkatołową i ementalerem. Doprawić solą i pieprzem (można dowolnie zmienić przyprawy, np. dodać curry albo kminek).

Startą marchewkę włożyć do foremek delikatnie nasmarowanych olejem (najlepiej za pomocą papierowego ręcznika). Posypać natką pietruszki i zalać kremem z jajek.

Ułożyć foremki na grillu i wstawić do rozgrzanego piekarnika. Piec około 20 minut.

Flan ostudzić, a następnie wyjąć z foremek na talerze (można pomóc sobie nożem). Posypać odrobiną posiekanej natki pietruszki.

Flan marchewkowy doskonale pasuje do białego mięsa.

Tarta z grzybami i tofu

FAZA 2 PW

- **Porcja dla 8 osób**
- **Czas przygotowania**
  20 minut
- **Czas pieczenia**
  45 minut
- **Składniki**
  > 600 g grzybów (mogą być wymieszane pieczarki, boczniaki, kurki)
  > natka pietruszki
  > 400 g tofu
  > 2 garści startego ementalera o zawartości maksymalnie 5% tłuszczu (dopuszczalne)
  > pół łyżeczki mielonej gałki muszkatołowej
  > 8 pomidorków koktajlowych
  > 4 jajka
  > sól, pieprz

Rozgrzać piekarnik do temperatury 240°C.

Grzyby opłukać pod bieżącą wodą, a następnie osuszyć ściereczką. Pokroić na cienkie paseczki i delikatnie podsmażyć na patelni z powłoką zapobiegającą przywieraniu. Dodać odrobinę posiekanej natki pietruszki, doprawić solą i pieprzem.

W salaterce wymieszać tofu, jajka, ementaler i gałkę muszkatołową. Do masy jajecznej dodać podsmażone grzyby i dokładnie wymieszać. W razie potrzeby doprawić do smaku.

Wlać ciasto do formy na tartę albo do żaroodpornego naczynia. Ułożyć na wierzchu pomidorki, zanurzając je do połowy w cieście. Wierzch posypać pietruszką.

Piec tartę 40 minut. Po tym czasie sprawdzić, czy ciasto jest gotowe. Jeśli nie, piec jeszcze chwilę.

Tartę można podawać z sałatą.

FAZA 2
PW

Dynia faszerowana cielęciną po bolońsku

- **Porcja dla 4 osób**
- **Czas przygotowania**
  15 minut
- **Czas pieczenia**
  50 minut
- **Składniki**
  > 2 małe dynie
  > 1 cebula
  > 400 g mielonej cielęciny
  > 250 g koncentratu pomidorowego
  > pół łyżeczki mielonej słodkiej papryki
  > duża szczypta mielonego imbiru
  > natka pietruszki
  > sól, pieprz

Rozgrzać piekarnik do temperatury 240°C.

Dynie przekroić wzdłuż na pół i usunąć pestki (najlepiej łyżką). Wstawić połówki dyń do piekarnika na 20 minut.

W czasie gdy dynie się pieką, obrać i drobno pokroić cebulę, a następnie wymieszać ją z mielonym mięsem. Całość przysmażyć na patelni z powłoką zapobiegającą przywieraniu. Kiedy cielęcina się przyrumieni, dodać koncentrat pomidorowy, przyprawy i posiekaną natkę pietruszki. Doprawić do smaku solą i pieprzem.

Kiedy połówki dyń się upieką, wyjąć je z piekarnika i napełnić farszem mięsnym.

Ponownie wstawić warzywa do piekarnika i piec jeszcze 30 minut w temperaturze 240°C.

Cheeseburgery z curry

FAZA 2
PW

- **Porcja dla 2 osób**
- **Czas przygotowania**
  15 minut
- **Czas gotowania**
  15 minut
- **Składniki**
  > 1 duża cebula
  > pół łyżeczki curry
  > 1 duży pomidor
  > kilka liści sałaty
  > trochę serka topionego o zawartości tłuszczu 4–6 % (w fazie naprzemiennej) lub 4 plasterki sera cheddar *light* (w fazie utrwalania wagi)
  > 2 plasterki szynki z kurczaka
  > odrobina ketchupu *light* (dopuszczalne)
  Chlebek Dukana
  > 2 czubate łyżki stołowe otrąb owsianych
  > 1 łyżeczka proszku do pieczenia
  > 2 łyżki stołowe beztłuszczowego białego serka
  > 1 jajko + 2 białka

W misce wymieszać dokładnie wszystkie składniki na chlebek Dukana, dodając kolejno: otręby owsiane, proszek do pieczenia, biały serek i jajka. Ciasto wlać do 2 okrągłych foremek i wstawić na 5 minut do mikrofalówki. Po wyjęciu chlebek ostudzić.

Cebulę obrać i pokroić na cienkie plasterki. Przyrumienić na patelni (na odrobinie wody) i przyprawić curry.

Pomidora umyć i pokroić na plasterki. Umyć liście sałaty.

Kiedy chlebek ostygnie, wyjąć go z okrągłych foremek, przekroić na pół (poziomo, jak tort) i obsmażyć z dwóch stron na patelni lub upiec na grillu w piekarniku.

Ułożyć 2 kromki chlebka na talerzu. Na każdej położyć ser, krążki cebuli w curry, plasterki pomidora i liście sałaty. Następnie na jednej kanapce położyć plaster wędliny i polać odrobiną dietetycznego ketchupu. Przykryć drugą kanapką.

Z pozostałymi 2 kromkami postąpić identycznie i podawać.

FAZA 2
PW

Chili con carne z tofu

- **Porcja dla 2 osób**
- **Czas przygotowania**
  10 minut
- **Czas gotowania**
  20 minut
- **Składniki**
  > 2 ząbki czosnku
  > 2 cebule
  > 2 zielone papryki
  > 400 g mielonej wołowiny
  > 300 g tofu
  > 1 puszka krojonych pomidorów bez skórki (500 g)
  > 1 łyżka stołowa mielonego chili
  > 1 listek laurowy
  > ćwierć łyżeczki mielonego kminku
  > sól, pieprz

Na patelni z powłoką zapobiegającą przywieraniu, na średnim ogniu, przez mniej więcej 5 minut podsmażać posiekany czosnek, drobno pokrojone cebule, zielone papryki pokrojone w kostkę, mieloną wołowinę i pokruszone tofu. Następnie dodać pozostałe składniki i wszystko dobrze wymieszać. Doprawić solą i pieprzem.

Doprowadzić chili do wrzenia, garnek przykryć, delikatnie zmniejszyć ogień i dusić potrawę 15 minut.

Danie to można podawać, zależnie od upodobania, z gotowanymi na parze cukiniami albo sałatą.

Lazanie z bakłażana i tofu

FAZA 2 PW

- **Porcja dla 2 osób**
- **Czas przygotowania**
  25 minut
- **Czas oczekiwania**
  30 minut
- **Czas pieczenia**
  35 minut
- **Składniki**
  > 1 średni bakłażan
  > 1 cukinia
  > 1 lub 2 pomidory
  > 100 g twardego tofu z ziołami
  > 1 cebula
  > 1 ząbek czosnku
  > pół odtłuszczonej kostki rosołowej
  > 1 łyżeczka gotowej przyprawy włoskiej
  > odrobina tartego ementalera (zawierającego nie więcej niż 5% tłuszczu)
  > sól

Bakłażana umyć, pokroić na cienkie plastry, posypać solą i odstawić na 30 minut (żeby usunąć goryczkę). Następnie opłukać go zimną wodą i dobrze osuszyć.

Rozgrzać piekarnik do temperatury 240°C.

Cukinię i pomidora (lub pomidory) cienko pokroić.

Tofu pokroić na cienkie plasterki, cebulę na cienkie krążki, a czosnek posiekać.

Plasterki bakłażana podsmażać na patelni z powłoką zapobiegającą przywieraniu na 4 łyżkach stołowych wody z dodatkiem połowy rozdrobnionej kostki bulionowej, aż się lekko przyrumienią.

Zrumienić plasterki cukinii i tofu (każde osobno). Odstawić.

Cebulę i czosnek smażyć 1–2 minuty na 2 łyżkach stołowych wody, a kiedy się zeszklą, dodać pomidory. Posypać przyprawą włoską.

W żaroodpornym naczyniu ułożyć warstwę plastrów bakłażana, tak aby przykryły całe dno. Na bakłażanie ułożyć warstwę cukinii, na niej warstwę tofu. Posypać warzywa startym serem. Na ementalerze położyć pomidory, krążki cebuli i czosnek. Na wierzchu zrobić jeszcze jedną warstwę z plastrów bakłażana. Wstawić lazanie do piekarnika na 25 minut, 5 minut przed końcem pieczenia posypać potrawę resztą startego sera.

Wołowina w papryce

FAZA 2
PW

- **Porcja dla 2 osób**
- **Czas przygotowania**
  15 minut
- **Czas gotowania**
  20 minut
- **Składniki**
  > 2 czerwone papryki
  > 1 zielona papryka
  > 400 g rumsztyku
  > 2 szalotki
  > 1 łyżeczka sosu sojowego
  > zioła prowansalskie
  > sól, pieprz

Papryki umyć, przekroić, usunąć z nich gniazda nasienne, a następnie pokroić na cienkie paseczki.

Umyty i osuszony rumsztyk pokroić w dużą kostkę.

W rondlu z powłoką zapobiegającą przywieraniu smażyć 5–10 minut drobno pokrojone szalotki i kawałki mięsa. Posolić.

Do mięsa dodać paprykę i smażyć wszystko, cały czas mieszając, jeszcze 10 minut. Sos sojowy dodać 2 minuty przed końcem smażenia.

Doprawić do smaku solą, pieprzem i ziołami prowansalskimi.

FAZA 3

Kurczak curry z warzywami

- **Porcja dla 2 osób**
- **Czas przygotowania**
  20 minut
- **Czas gotowania**
  1 godzina 10 minut
- **Składniki**
  > 1 bakłażan
  > 2 cukinie
  > 2 cebule
  > 1 łyżeczka oliwy
  > 1 odtłuszczona drobiowa kostka bulionowa
  > 1 puszka krojonych pomidorów w zalewie (400 g)
  > 2 łyżeczki curry
  > 1 łyżka posiekanej natki pietruszki
  > 2 eskalopki z kurczaka
  > 1 ziemniak
  > szczypta imbiru
  > 100 ml płynnej śmietany o zawartości 3% tłuszczu (dopuszczalne)
  > sól, pieprz

Bakłażana oraz cukinie umyć i pokroić w kostkę. 1 cebulę obrać i drobno pokroić. Warzywa podsmażać na oliwie i 4 łyżkach stołowych wody na patelni z powłoką zapobiegającą przywieraniu. Można dodać więcej wody, jeśli warzywa przywierają do dna.

Do bakłażana i cukinii dodać połowę rozkruszonej kostki bulionowej i pomidory. Dobrze wszystko wymieszać. Doprawić łyżeczką curry, solą i pieprzem, posypać natką. Dusić potrawkę na małym ogniu 40 minut.

Eskalopki z kurczaka pokroić na kawałki.

Drugą cebulę obrać i drobno pokroić. Ziemniaka obrać i pokroić na cienkie plasterki. Warzywa podsmażyć na patelni z powłoką zapobiegającą przywieraniu na 4 łyżkach stołowych wody. Rozpuścić drugą połówkę kostki bulionowej w 4 łyżkach wody i wlać na patelnię. Dodać pokrojonego kurczaka i zrumienić. Dosypać pozostałe curry i imbir, dusić mięso pod przykryciem, aż zrobi się miękkie. Delikatnie doprawić solą i pieprzem.

Na koniec dolać śmietanę.

FAZA 3

Filety z barweny z bazylią

- **Porcja dla 3 osób**
- **Czas przygotowania**
  15 minut
- **Czas gotowania**
  10 minut
- **Składniki**
  > 350 g pomidorów
  > 1 ząbek czosnku
  > 1 pęczek bazylii
  > 2 łyżeczki oliwy z oliwek
  > 6 filetów z barweny
  > 1 łyżka stołowa octu balsamicznego
  > sól, pieprz

Pomidory sparzyć, obrać i pokroić w kostkę.

Czosnek obrać.

Bazylię umyć, osuszyć i oberwać listki. Posiekać listki w elektrycznej maszynce do mielenia, dodać czosnek oraz 1 łyżeczkę oliwy i zemleć wszystko jeszcze raz, aby uzyskać purée.

Filety rybne osuszyć papierowym ręcznikiem. Wysmarować resztą oliwy za pomocą pędzelka patelnię z powłoką zapobiegającą przywieraniu. Rozgrzać patelnię i smażyć filety na mocnym ogniu 2 minuty z każdej strony. Posolić rybę, zdjąć ją z patelni i trzymać w cieple.

Wlać ocet balsamiczny na patelnię i zamieszać drewnianą szpatułką, by rozcieńczyć sok powstały ze smażenia ryby. Doprowadzić do wrzenia i gotować 1 minutę.
Dodać pokrojone pomidory i wszystko razem gotować jeszcze 2 minuty, dokładnie mieszając. Doprawić solą i pieprzem.

Zawartość patelni przełożyć na duży talerz. Ułożyć filety z barweny na pomidorach i posmarować ryby purée z bazylii (ewentualnie udekorować gałązkami bazylii). Podawać natychmiast po przyrządzeniu.

FAZA 3

Muszle św. Jakuba po normandzku

- **Porcja dla 2 osób**
- **Czas przygotowania**
  20 minut
- **Czas pieczenia**
  20 minut
- **Składniki**
  > 4 łyżeczki musztardy
  > 1 pęczek świeżych ziół
  > 300 g pomidorów
  > 1 duży ziemniak
  > 300 g muszli św. Jakuba (przegrzebków)
  > 2 szalotki
  > duża szczypta papryki
  > 1 cytryna
  > 2 łyżki stołowe gęstej śmietany o zawartosci 3% tłuszczu (dopuszczalne)
  > 1 mały pęczek pietruszki (posiekanej)
  > sól, pieprz

Rozgrzać piekarnik do temperatury 180°C.

Musztardę wymieszać z ziołami, solą i pieprzem.

Pomidory umyć, odciąć im koniuszki i ułożyć warzywa w żaroodpornym naczyniu. Posmarować każdego pomidora ziołową musztardą, przykryć odciętą końcówką i piec w piekarniku 20 minut.

Gdy pomidory się pieką, obrać ziemniaka i pokroić na kawałki. Podsmażyć ziemniaka i przegrzebki na patelni z powłoką zapobiegającą przywieraniu. Dodać posiekane szalotki. Doprawić do smaku solą, pieprzem i papryką. Wlać sok z cytryny i śmietanę. Gotować na bardzo małym ogniu, aż sos odparuje.

Przełożyć na talerze, posypać posiekaną natką pietruszki i podawać z pieczonymi pomidorami.

FAZA 3

Kurczak w mleczku kokosowym z fasolką i tofu

- **Porcja dla 2 osób**
- **Czas przygotowania**
  10 minut
- **Czas gotowania**
  15 minut
- **Składniki**
  > 1 zielona papryka
  > 2 eskalopki z kurczaka
  > 200 ml mleczka kokosowego
  > 1 łyżeczka mielonego curry
  > 100–150 g tofu
  > 2 wiązki zielonej fasolki szparagowej
  > trochę ziaren sezamu i maku
  > sól, pieprz

Paprykę umyć, przekroić wzdłuż i usunąć z niej gniazda nasienne. Połówki papryki pokroić na cienkie paseczki.

Eskalopki umyć, osuszyć i usmażyć z mleczkiem kokosowym i curry na patelni z powłoką zapobiegającą przywieraniu. Dodać pokrojoną paprykę.

Tofu pokroić w kostkę. Na drugiej patelni delikatnie podsmażyć fasolkę i tofu z odrobiną sosu z mleczka kokosowego. Delikatnie doprawić solą i pieprzem.

Eskalopki i paprykę przełożyć na talerze, polać niedużą ilością sosu kokosowego.

Następnie nałożyć na talerze tofu i fasolkę.

Posypać kawałki tofu ziarnami sezamu i makiem.

FAZA 3

Krewetki i kurczak w sosie kokosowym z przyprawami

- **Porcja dla 2 osób**
- **Czas przygotowania**
  20 minut
- **Czas gotowania**
  20 minut
- **Składniki**
  > 1 eskalopek z kurczaka
  > 300 g różowych krewetek
  > 2 ząbki czosnku
  > 1 cebula
  > 1 łyżeczka mielonego curry
  > pół łyżeczki mielonej słodkiej papryki
  > 200 ml mleczka kokosowego
  > 6 białych szparagów
  > sól, pieprz

Kurczaka umyć, osuszyć, pokroić na kawałki i podsmażyć na małym ogniu na patelni z powłoką zapobiegającą przywieraniu. Podlać odrobiną wody, aby mięso nie przywarło. Kiedy woda wyparuje, dorzucić krewetki obrane wcześniej z pancerzyków. Smażyć kurczaka i krewetki na małym ogniu 1 minutę, cały czas mieszając drewnianą łyżką.

Czosnek oraz cebulę obrać i zmielić w maszynce.

Do rondelka wlać 4 łyżki stołowe wody i dodać czosnek oraz cebulę. Delikatnie podgrzewać 1 minutę, po czym dosypać curry i paprykę. Delikatnie doprawić solą i pieprzem. Dolać do garnka mleczko kokosowe i gotować wszystko kolejną minutę, od czasu do czasu mieszając.

Włożyć do sosu krewetki oraz kawałki kurczaka i delikatnie wszystko wymieszać. Podgrzewać potrawkę na małym ogniu 5 minut.

Ugotowane wcześniej szparagi podgrzać na patelni (5 minut) albo w kuchence mikrofalowej (1 minutę).

Ciepłe szparagi przełożyć na talerze, dodać krewetki z kurczakiem w sosie kokosowym.

Desery

Lody z musli

FAZA 1

- **Porcja dla 2 osób**
- **Czas przygotowania**
  15 minut
- **Czas gotowania**
  15 minut
- **Czas mrożenia**
  4 godziny
- **Składniki**
  > 0,25 litra chudego mleka
  > pół laski wanilii
  > 4 łyżki stołowe otrąb owsianych
  > 3 łyżki stołowe słodziku w proszku (lub więcej, zależnie od upodobań)
  > 1 jajko
  > 2 beztłuszczowe serki homogenizowane
  > 20 kropli aromatu pomarańczowego (najlepiej z nutą likieru Grand Marnier)

Mleko zagotować w rondelku z połową laski wanilii (przeciętą wzdłuż). Ugotowane mleko zdjąć z ognia, wyjąć wanilię, dosypać otręby owsiane i 1 łyżkę stołową słodziku. Dobrze wszystko wymieszać. Postawić mleko z powrotem na bardzo małym ogniu i podgrzewać, aż otręby zwiększą objętość. Dodać jajko ubite jak na omlet, zamieszać i zdjąć garnek z ognia.

W dużej misce wymieszać serki z resztą słodziku i aromatem. Dodać masę serową do otrąb.

Rozłożyć masę lodową do szklanek lub pucharków, zaczekać, aż ostygnie (w temperaturze pokojowej trwa to około 30 minut).

Gdy masa wystygnie, wstawić lody do zamrażalnika na co najmniej 4 godziny. Co godzinę mieszać, aby nie powstały kryształki.

Mrożony suflet czekoladowy

FAZA 2
P/PW

- **Porcja dla 8 osób**
- **Czas przygotowania**
  15 minut
- **Czas gotowania**
  5 minut
- **Czas mrożenia**
  8 godzin
- **Składniki**
  > 8 łyżek stołowych odtłuszczonego kakao w proszku (dopuszczalne)
  > 1 łyżeczka aromatu kawowego
  > 2 jajka
  > 3 listki żelatyny
  > szczypta soli
  > 10 łyżek stołowych beztłuszczowego białego serka
  > 4 łyżki stołowe słodziku w proszku

W rondelku delikatnie podgrzać kakao w proszku ze 100 ml wody i aromatem kawowym. Zdjąć z ognia, dodać 2 żółtka i rozpuszczoną wcześniej w wodzie żelatynę.

Białka ubić na pianę ze szczyptą soli.

Biały serek zmiksować ze słodzikiem. Tak uzyskaną masę dodać do kakao. Dokładnie wymieszać, a następnie delikatnie połączyć z pianą z białek. Wlać masę do salaterek lub szklaneczek i wstawić na 8 godzin do zamrażalnika.

Wyjąć deser z zamrażalnika 10 minut przed podaniem.

Puszysty mus pistacjowy

FAZA 2
P/PW

- **Porcja dla 8–10 osób**
- **Czas przygotowania**
  15 minut
- **Czas gotowania**
  10 minut
- **Czas chłodzenia**
  4 godziny
- **Składniki**
  > 3 listki żelatyny
  > 2–3 łyżki stołowe słodziku (zależnie od upodobań)
  > 2 łyżeczki aromatu pistacjowego
  > 5 kropelek zielonego barwnika (fakultatywnie)
  > 4 białka
  > szczypta soli
  > 400 g beztłuszczowego białego serka

Listki żelatyny moczyć w zimnej wodzie 5 minut.

Słodzik wsypać do rondelka i dodać 4 łyżki stołowe wody. Doprowadzić do wrzenia i gotować 2 minuty. Następnie dodać aromat pistacjowy, osączone listki żelatyny i barwnik. Wymieszać i zdjąć z ognia.

Białka ubić na pianę ze szczyptą soli. Powoli dolewać syrop pistacjowy, ciągle je ubijając. Następnie dodać biały serek i całość delikatnie wymieszać.

Przelać mus do szklanek i odstawić na 4 godziny do lodówki.

FAZA 2
P/PW

Krem czekoladowy z tofu

- **Porcja dla 6–8 osób**
- **Czas przygotowania**
  5 minut
- **Czas chłodzenia**
  1 godzina
- **Składniki**
  > 200 g tofu
  > 4 łyżki stołowe beztłuszczowego białego serka
  > 2 beztłuszczowe jogurty waniliowe
  > 2 łyżeczki odtłuszczonego kakao (dopuszczalne)
  > 2 (lub więcej) łyżki stołowe słodziku, zależnie od upodobań

Tofu, biały serek, jogurty, kakao i słodzik zmiksować, aż powstanie kremowa masa.

Przelać do szklaneczek i wstawić na 1 godzinę do lodówki.

Mus rabarbarowy

FAZA 2 PW

- **Porcja dla 6 osób**
- **Czas przygotowania**
  10 minut
- **Odstawić na**
  15 minut
- **Czas gotowania**
  30 minut
- **Składniki**
  > 1 kg rabarbaru
  > 6 lub więcej łyżek stołowych słodziku, zależnie od upodobań
  > 20 kropli aromatu waniliowego lub innego (zależnie od aromatu zacząć od 10 kropli, spróbować i w razie potrzeby dodać więcej)

Rabarbar umyć i nie obierając go, pokroić na plasterki o grubości 1–2 cm.

Włożyć plasterki do rondelka i posypać je słodzikiem. Odstawić na 10–15 minut.

Kiedy rabarbar puści sok, gotować na małym ogniu, często mieszając. Dusić 30 minut, aż do uzyskania odpowiedniej konsystencji. Pod koniec gotowania dodać aromat. Schłodzić, a następnie zmiksować.

Tarta tropézienne

FAZA 2
P/PW

- **Porcja dla 6 osób**
- **Czas przygotowania**
  25 minut
- **Czas pieczenia**
  30 minut
- **Czas chłodzenia**
  1 godzina 30 minut
- **Składniki**
  > 2 listki żelatyny
  > 0,5 l chudego mleka
  > 1 laska wanilii
  > 3 jajka
  > 3 łyżki stołowe słodziku
  > 2 łyżki stołowe skrobi kukurydzianej
  > 1 łyżka stołowa aromatu rumowego
  > 1 torebka żelatyny w proszku (6 g)
  > sól
  Ciasto
  > 3 łyżki stołowe otrąb owsianych
  > 1 łyżka stołowa skrobi kukurydzianej
  > 1 łyżka stołowa odtłuszczonego mleka w proszku
  > 2 jajka
  > 1 beztłuszczowy jogurt naturalny
  > 1 beztłuszczowy serek homogen.
  > pół torebki proszku do pieczenia (5 g)
  > 2 łyżki stołowe słodziku
  > pół łyżki stołowej aromatu z kwiatu pomarańczy

Rozgrzać piekarnik do temperatury 180°C.

Wymieszać wszystkie składniki na ciasto. Przelać do formy. Piec w piekarniku 30 minut. Ostudzić.

Listki żelatyny namoczyć w zimnej wodzie. Mleko z pokruszoną laską wanilii podgrzewać do wrzenia.

W międzyczasie wymieszać w misce żółtka, słodzik, skrobię kukurydzianą i aromat. Białka odstawić na później.

Mleko zdjąć z ognia i wrzucić do niego listki żelatyny. Połączyć mleko z żółtkami, ciągle mieszając. Całość przełożyć do rondelka. Podgrzewać na małym ogniu, mieszając drewnianą łyżką, aż masa zgęstnieje. Zdjąć z ognia, zanim zacznie się gotować. Schłodzić.

Ciasto przekroić na 2 placki.

Białka ubić na pianę ze szczyptą soli, następnie, pod koniec ubijania, dodać żelatynę w proszku rozpuszczoną w odrobinie wody. Dodać białka do wcześniej przygotowanej masy. Odstawić ją do lodówki na 1,5 godziny, aby stężała, a następnie rozsmarować na jednej części ciasta i przykryć drugą częścią.

Piernik

FAZA 2
P/PW

- **Porcja dla 6–8 osób**
- **Czas przygotowania**
  10 minut
- **Czas pieczenia**
  45 minut
- **Składniki**
  > 8 łyżek stołowych otrąb owsianych
  > 4 łyżki stołowe otrąb pszennych
  > 2 łyżki stołowe odtłuszczonego mleka w proszku
  > 1 torebka proszku do pieczenia
  > 6 łyżek stołowych beztłuszczowego białego serka
  > 3 jajka + 3 białka
  > 2 łyżki stołowe mieszanki przypraw do piernika (cynamon, anyż, gałka muszkatołowa, imbir, goździki)
  > 2 łyżki stołowe słodziku w płynie

Rozgrzać piekarnik do temperatury 180°C.

W misce wymieszać otręby, mleko w proszku i proszek do pieczenia. Dodać biały serek, dokładnie mieszając, następnie dodać całe jajka i 3 białka. Wymieszać aż do uzyskania jednolitej konsystencji. Dodać przyprawy i słodzik. Wlać do żaroodpornego naczynia, wcześniej posmarowanego oliwą za pomocą ręcznika papierowego.

Piec w piekarniku 45 minut. Sprawdzić, czy piernik jest gotowy, zagłębiając w nim ostrze noża, które powinno zostać suche.

Krem z białego serka

FAZA 2 PW

- **Porcja dla 6 osób**
- **Czas przygotowania**
  20 minut
- **Czas gotowania**
  30 minut
- **Czas chłodzenia**
  5 godzin
- **Składniki**
  > 6 listków żelatyny
  > 1 l chudego mleka
  > skórki z 2 świeżych mandarynek
  > 1 łyżeczka mielonego cynamonu
  > 2 laski wanilii
  > 4 żółtka
  > 4 łyżki stołowe słodziku w proszku (lub więcej, zależnie od upodobań)
  > 8 kostek beztłuszczowego serka carré frais
  > 100 ml śmietany o maksymalnej zawartości 3% tłuszczu (fakultatywne i dopuszczalne)
  > 1 łyżka stołowa aromatu mandarynkowego
  > 1 łyżeczka aromatu pomarańczowego

Listki żelatyny moczyć w zimnej wodzie 5 minut.

Do rondelka wlać mleko, dodać skórki z mandarynek, cynamon i przełamane na pół laski wanilii. Doprowadzić do wrzenia i odstawić na 20 minut.

W dużej misce ubić żółtka ze słodzikiem, serkiem, chudą śmietaną i aromatami.

Ciepłe mleko wlać do żółtek przez stożkowate sitko, energicznie mieszając jajka. Całość podgrzewać na małym ogniu, cały czas mieszając drewnianą łyżką, aż do uzyskania gęstej masy.

Zdjąć z ognia i dodać żelatynę. Odstawić do ostygnięcia w temperaturze pokojowej. Rozlać masę do salaterek. Pozostawić do ostygnięcia w temperaturze pokojowej, a następnie wstawić na 5 godzin do lodówki.

Można zmienić smak, używając aromatu pistacjowego i skórki z dużej cytryny.

Mus cytrynowy

FAZA 2 PW

- **Porcja dla 6 osób**
- **Czas przygotowania**
  15 minut
- **Czas gotowania**
  20 minut
- **Czas chłodzenia**
  30 minut
- **Składniki**
  > 3 cytryny
  > 3 jajka
  > 3 łyżki stołowe słodziku w proszku (lub więcej, zależnie od upodobań)
  > 3 łyżki stołowe skrobi kukurydzianej (dopuszczalne)
  > 0,5 l chudego mleka

Obrać ze skórki 1 cytrynę. Ze wszystkich 3 wycisnąć sok. Włożyć do rondelka skórkę i wlać sok. Dodać żółtka i słodzik. Dokładnie wymieszać i powoli dodawać skrobię kukurydzianą, ciągle mieszając, aby się rozpuściła. Całość podgrzać, mieszając drewnianą łyżką. Poczekać, aż zgęstnieje, a następnie powoli dolewać mleko. Ciągle mieszać, aż masa zgęstnieje. Zdjąć z ognia i ostudzić.

Białka ubić na bardzo sztywną pianę. Delikatnie połączyć z przygotowaną wcześniej masą. Rozłożyć do salaterek lub szklaneczek i wstawić na 30 minut do lodówki.

Roladki z kremem Grand Marnier

FAZA 2 P/PW

- **Porcja dla 6 osób**
- **Czas przygotowania**
  15 minut
- **Czas gotowania**
  25 minut
- **Czas chłodzenia**
  2 godziny
- **Składniki**
  > 3 jajka
  > 3 łyżki stołowe otrąb owsianych
  > 1 łyżka stołowa chudego mleka w proszku
  > 2 beztłuszczowe serki petit-suisse
  > 1 łyżka stołowa skrobi kukurydzianej
  > 5 g proszku do pieczenia
  > 1 łyżeczka aromatu waniliowego
  > 2 łyżki stołowe słodziku w proszku
  > odrobina odtłuszczonego kakao (dopuszczalne)

  Krem
  > 2 listki żelatyny
  > 0,25 l chudego mleka
  > 2 żółtka
  > 1 łyżka stołowa słodziku w proszku
  > 1 łyżka stołowa skrobi kukurydzianej (dopuszczalne)
  > 1 łyżeczka aromatu pomarańczowego z nutką likieru Grand Marnier

Listki żelatyny moczyć w zimnej wodzie 5 minut. Mleko zagotować. W misce wymieszać żółtka, słodzik, skrobię kukurydzianą i aromat.

Mleko zdjąć z ognia i dodać żelatynę. Dokładnie wymieszać. Delikatnie wlewać mleko do masy z żółtek, mieszając drewnianą łyżką. Przelać całość do rondelka i podgrzewać, aż zgęstnieje. Ostudzić, a następnie wstawić do lodówki na 2 godziny.

Po 2 godzinach można przygotować biszkopt. Rozgrzać piekarnik do temperatury 160°C, wyjąć grill.

Białka oddzielić od żółtek. Żółtka połączyć z otrębami, mlekiem, serkiem, skrobią kukurydzianą, proszkiem do pieczenia, aromatem i słodzikiem. Energicznie wymieszać trzepaczką. Dodać białka ubite na pianę. Na grillu umieścić silikonowy talerz (później łatwiej zdjąć z niego ciasto) i wyłożyć na nim ciasto na biszkopt. Wstawić do piekarnika i piec, aż biszkopt uzyska złocisty kolor. Wyjąć na wilgotną ściereczkę i natychmiast zwinąć w rulon. Ostudzić, a następnie rozwinąć. Posmarować kremem i ponownie delikatnie zawinąć.

Przed podaniem odciąć końcówki rolady, a następnie podzielić ją na 6 części. Ułożyć na talerzykach i delikatnie posypać odtłuszczonym kakao.

FAZA 2
PW

Mus z dwóch cytryn

- **Porcja dla 6 osób**
- **Czas przygotowania**
  25 minut
- **Czas gotowania**
  35 minut
- **Czas chłodzenia**
  2 godziny 30 minut
- **Składniki**
  > 4 łyżki stołowe słodziku w proszku
  > 1 cytryna ze skórką
  > 1 limonka ze skórką
  Mus
  > 2 cytryny ze skórką
  > 2 listki żelatyny
  > 4 jajka
  > 3 łyżki stołowe słodziku w proszku
  > 150 ml chudego mleka
  > szczypta soli
  > 6 bez wg przepisu dr. Dukana (fakultatywnie)

Słodzik wymieszać w 50 ml wody. Podgrzać na małym ogniu i odstawić.

Jedną cytrynę i jedną limonkę pokroić na bardzo cienkie plasterki i usunąć pestki. Pokroić plasterki na ćwiartki. Zagotować je na małym ogniu, tak by puściły sok, i gotować w tym soku jeszcze 20 minut. Ostudzić, a następnie odsączyć. Odłożyć ugotowane cytryny do dekoracji, zostawić 2 łyżki stołowe soku do piany z białek.

Pozostałe cytryny obrać, zetrzeć skórkę, włożyć ją do salaterki i odstawić. Z cytryn wycisnąć sok.

Listki żelatyny namoczyć w zimnej wodzie.

Przygotować krem: ubić 2 całe jajka i 2 żółtka ze słodzikiem, aż do uzyskania puszystej masy (białka odłożyć na później). Dodać skórkę oraz sok z cytryn i podgrzewać w rondelku na małym ogniu, aż zgęstnieje. Delikatnie dolać mleko. Zdjąć z ognia i dodać żelatynę.

Białka ubić na pianę ze szczyptą soli. Pod koniec dodać 2 łyżki soku, delikatnie wszystko wymieszać i dodać białka do kremu.
Bezy pokruszyć i wrzucić na dno salaterek. Następnie nałożyć mus, a całość udekorować gotowanymi cytrynami. Wstawić do lodówki na co najmniej 2,5 godziny.

FAZA 3

Waniliowo-orzechowy crème brûlée z truskawkami

- **Porcja na 6 dużych salaterek**
- **Czas przygotowania**
  15 minut
- **Czas pieczenia**
  40 minut
- **Czas chłodzenia**
  1 godzina
- **Składniki**
  > 0,5 l chudego mleka
  > 1 laska wanilii
  > 4 żółtka
  > 6 łyżek stołowych słodziku w proszku
  > pół łyżeczki aromatu orzechowego
  > 12 truskawek
  > 200 ml śmietany o zawartości 3% tłuszczu (dopuszczalne)

Do rondelka wlać mleko i wrzucić laskę wanilii przełamaną na 2 części. Doprowadzić do wrzenia. Po 5–10 minutach wanilię wyjąć.

Z piekarnika wyjąć grill i rozgrzać piekarnik do 180°C.

W dużej misce wymieszać żółtka ze słodzikiem i aromatem orzechowym.

Truskawki umyć i pokroić na małe kawałki, a następnie rozłożyć do żaroodpornych salaterek.

Ciepłe mleko dokładnie wymieszać z żółtkami i dodać śmietanę. Wylać masę na truskawki, ustawić salaterki na kratce grilla i wstawić do piekarnika na 40 minut.

Ostudzić w temperaturze pokojowej, a następnie wstawić na 1 godzinę do lodówki.

FAZA 3

Mrożony krem angielski z ananasem

- **Porcja dla 2 osób**
- **Czas przygotowania**
  15 minut
- **Czas gotowania**
  20 minut
- **Czas mrożenia**
  3 godziny
- **Składniki**
  > 200 ml chudego mleka
  > 1 laska wanilii
  > 3 żółtka
  > 3 łyżki stołowe słodziku w proszku
  > 20 kropli aromatu białego rumu
  > 2 grube plastry ananasa

Do rondelka wlać mleko i wrzucić laskę wanilii przełamaną na 2 części. Doprowadzić mleko do wrzenia.

W dużej misce ubić żółtka ze słodzikiem i aromatem rumowym. Dolać ciepłe mleko, energicznie mieszając. Całość podgrzewać na małym ogniu, cały czas mieszając drewnianą szpatułką, aż do uzyskania gęstego kremu. Nalać do szklanek.

Ostudzić w temperaturze pokojowej, a następnie wstawić na 3 godziny do zamrażalnika.

Tuż przed podaniem deseru przygotować ananasa. Wyjąć krem z zamrażalnika. Postawić ma talerzyku, obok ułożyć ananasa.

FAZA 3

Ciasto pistacjowo-morelowe

- **Porcja dla 6 osób**
- **Czas przygotowania**
  10 minut
- **Czas pieczenia**
  45 minut
- **Składniki**
  > 4 jajka
  > 30 g mąki pszennej
  > 400 ml chudego mleka
  > 3 łyżki stołowe słodziku
  > 1 łyżeczka proszku do pieczenia
  > 2 łyżki stołowe aromatu pistacjowego
  > 28 połówek moreli

Rozgrzać piekarnik do temperatury 180°C.

Jajka ubić jak na omlet z mąką, mlekiem, słodzikiem, proszkiem do pieczenia i aromatem.

Ciasto wlać do żaroodpornych miseczek, na wierzchu ułożyć morele. Wstawić do piekarnika i piec 45 minut. Po tym czasie sprawdzić, czy ciasto się upiekło, i w razie potrzeby zostawić w piekarniku jeszcze chwilę.

Wyjąć z piekarnika. Przed podaniem ostudzić.

Mus z przyprawami

FAZA 3

- **Porcja dla 4 osób**
- **Czas przygotowania**
  25 minut
- **Czas smażenia**
  30 minut
- **Składniki**
  > 1 pomarańcza
  > 1 kg jabłek
  > 1 laska cynamonu
  > kilka goździków
  > 3 łyżki stołowe otrąb owsianych
  > 2 strąki kardamonu

Pomarańczę obrać i podzielić na kawałki.

Jabłka obrać i pokroić w drobną kostkę.

Cynamon, goździki, otręby owsiane i ziarna ze strąków kardamonu delikatnie przypiec na sucho w dużym rondlu z powłoką zapobiegającą przywieraniu. Dodać pomarańczę i jabłka.

Smażyć pod przykryciem na średnim ogniu, aż jabłka będą całkiem miękkie.

FAZA 3

Waniliowa panna cotta w syropie balsamicznym z malinami

- **Porcja dla 4 osób**
- **Czas przygotowania**
  15 minut
- **Czas gotowania**
  20 minut
- **Czas chłodzenia**
  8 godzin
- **Składniki**
  > 4 listki żelatyny
  > 0,5 l chudego mleka
  > 2 laski wanilii
  > 4 żółtka
  > 4 łyżki stołowe słodziku w proszku
  > 200 ml płynnej śmietany o zawartości 3% tłuszczu (dopuszczalne)
  > syrop z octu balsamicznego
  > 20 malin (lub więcej)

Żelatynę moczyć 5 minut w zimnej wodzie.

W rondelku zagotować mleko z laskami wanilii.

W misce ubić żółtka z 2 łyżkami stołowymi słodziku w proszku. Wyjąć laski wanilii i wlać mleko do żółtek, ciągle mieszając. Przelać całość do rondelka. Podgrzewać na małym ogniu, mieszając drewnianą szpatułką, aż do uzyskania gęstego kremu.

Zdjąć z ognia i dodać żelatynę. Ostudzić w temperaturze pokojowej.

W mikserze wymieszać pozostały słodzik ze śmietaną. Dodać do wcześniej przygotowanej masy. Wlać krem do pucharków (lub foremek) i pozostawić na chwilę w temperaturze pokojowej, a następnie włożyć na 8 godzin do lodówki.

Wyjąć z foremek na talerzyki, polać syropem z octu balsamicznego i udekorować malinami.

Porady: aby łatwiej wyjąć panna cottę z foremki, należy ją delikatnie ostukać, by do środka przedostało się powietrze. Żeby uzyskać 1 l syropu, trzeba zagotować 5 l octu winnego (należy pamiętać o wietrzeniu, ponieważ zapach jest bardzo silny). W sklepach dostępne są też gotowe syropy.

FAZA 3

Deser sojowo-truskawkowy

- **Porcja dla 2 osób**
- **Czas przygotowania**
  10 minut
- **Czas chłodzenia**
  10 minut
- **Składniki**
  > 100 g truskawek
  > pół cytryny
  > słodzik (zależnie od upodobań)
  > 2 jogurty sojowe o smaku waniliowym lub naturalne jogurty sojowe słodzone waniliowym słodzikiem

Truskawki umyć i usunąć z nich szypułki.
Zmiksować truskawki z sokiem z połowy cytryny i słodzikiem.
Spróbować, w razie potrzeby dosłodzić i odstawić na 10 minut do lodówki.

Do każdej salaterki wlać trochę zmiksowanych truskawek, na to jogurt, a na wierzch znowu truskawki.

FAZA 3

Konfitura morelowa

- **Porcja na 1 słoik**
- **Czas przygotowania**
  15 minut
- **Czas gotowania**
  15 minut
- **Składniki**
  > 300 g dojrzałych moreli
  > 4 łyżki stołowe słodziku (w zależności od upodobań)
  > odrobina mielonego cynamonu
  > pół łyżeczki środka żelującego agar-agar

Morele umyć, wyjąć z nich pestki i pokroić w ćwiartki. Włożyć do rondelka, dodać słodzik i cynamon. Doprowadzić do wrzenia, zmniejszyć ogień i gotować 5 minut.

Dodać agar-agar i gotować morele jeszcze 1 minutę na małym ogniu, cały czas mieszając. Delikatnie rozgnieść je widelcem.

Przełożyć do słoika. Przykryć folią spożywczą, umocować ją gumką, a następnie nałożyć zakrętkę.

FAZA 3

Pływająca wyspa kawowa

- **Porcja dla 4 osób**
- **Czas przygotowania**
  15 minut
- **Czas gotowania**
  20 minut
- **Czas chłodzenia**
  1 godzina
- **Składniki**
  > 380 ml zagęszczonego niesłodzonego mleka o zawartości 4% tłuszczu
  > 100 ml chudego mleka
  > 1 laska wanilii lub 1 łyżeczka aromatu waniliowego
  > 4 jajka
  > 1 łyżeczka aromatu kawowego
  > 4 łyżki stołowe słodziku w proszku
  > 1 lub 2 łyżeczki skrobi kukurydzianej (dopuszczalne)

Zagęszczone mleko i chude mleko zagotować w rondelku z przełamaną na pół laską wanilii.

Białka oddzielić od żółtek. Ubić je na pianę z aromatem kawowym i 2 łyżkami stołowymi słodziku w proszku.
Za pomocą łyżki uformować kulki z piany i wstawić je na 1 minutę do kuchenki mikrofalowej (moc 800–900 W). Ułożyć je na papierowym ręczniku i zostawić do ostygnięcia w temperaturze pokojowej.

W misce wymieszać żółtka z pozostałym słodzikiem i skrobią kukurydzianą. Wlać delikatnie ciepłe mleko. Całość przelać do rondelka i podgrzewać na małym ogniu. Mieszać aż do uzyskania gęstego kremu. Ostudzić w temperaturze pokojowej, a następnie wstawić na godzinę do lodówki.

Wlać krem do salaterek i dołożyć kulki z piany.

Cynamonowe jabłka niespodzianki

FAZA 3

- **Porcja dla 4 osób**
- **Czas przygotowania**
  15 minut
- **Czas pieczenia**
  25 minut
- **Składniki**
  > 4 duże jabłka Golden
  > 1 jajko
  > 200 g francuskiego beztłuszczowego twarożku faisselle
  > 2 łyżki stołowe słodziku
  > 1 łyżeczka mielonego cynamonu
  > 1 łyżeczka płynnego ekstraktu waniliowego

Rozgrzać piekarnik do temperatury 180°C.

Odciąć końcówki jabłek i wydrążyć owoce, uważając, by ich nie przedziurawić.

W misce ubić jajko, odsączony twarożek, słodzik, cynamon i ekstrakt waniliowy.

Napełnić jabłka farszem, przykryć odciętą końcówką i zawinąć w papier do pieczenia.

Ułożyć na blasze i wstawić do piekarnika na 25 minut.

Podawać ostudzone.

Inne książki dr. P. Dukana

Mon secret minceur et santé,
J'ai lu, 2009.

Les recettes Dukan. Mon régime en 350 recettes,
J'ai lu, 2008.

Les hommes préfèrent les rondes. Garder la forme en gardant ses formes,
J'ai lu, 2008.

Evaluator. 1140 aliments évalués,
Cherche Midi, 2007.

Les recettes Dukan. Mon régime en 350 recettes,
Flammarion, 2007. [*Nie potrafię schudnąć. 350 nowych przepisów*, tłum. E. Kasprzak-Kozikowska, Wydawnictwo Otwarte, 2009].

Evaluator 2005. 1140 aliments testés,
Cherche Midi, 2005.

Je ne sais pas maigrir,
J'ai lu, 2003.

Les hommes préfèrent les rondes,
Cherche Midi, 2003.

Dictionnaire de diététique et de nutrition,
LGF, 2002.

Je ne sais pas maigrir,
Flammarion, 2001. [*Nie potrafię schudnąć*, tłum. C. Walewicz-Bekka, Wydawnictwo Otwarte, 2008].

Dictionnaire de diététique et de nutrition,
Cherche Midi, 1998.

Pour en finir avec la cellulite,
Grancher, 1992.

Maigrir et rester mince,
Belfond, 1987.

L'après maigrir,
Belfond, 1985.

Maigrir, l'arme absolue,
Belfond, 1983.

Les hommes préfèrent les rondes,
Marabout, 1982.

STRONA INTERNETOWA
www.regimedukan.com

Podziękowania

Dziękuję wszystkim, którzy przez wiele lat pomagali mi stworzyć tę metodę. A przede wszystkim moim anonimowym czytelnikom i pacjentom, którzy chcieli się z nią zapoznać.

Zwłaszcza niezwykłej, równie utalentowanej, co skromnej Carole Kitzinger, bez której ta książka nigdy by nie powstała.

Pragnę także podziękować Vahinée, która zna moją metodę chyba lepiej ode mnie.

A także Nathalie, Christine, Laetitii, Camelii i Isabelle – dla Was to imiona, dla mnie gwiazdy.

Tytuł oryginału: *La méthode Dukan illustrée*

Przy współpracy z Sioux Berger.
Opracowanie graficzne i łamanie francuskiego wydania: Alice Leroy

Opieka redakcyjna: Arletta Kacprzak.
Adiustacja i korekta: Janusz Krasoń / Studio NOTA BENE, Anna Szczepańska / Studio NOTA BENE.
Łamanie: Agnieszka Szatkowska-Malak / Studio NOTA BENE

ISBN 978-83-7515-018-6

Wydawnictwo Otwarte sp. z o.o., ul. Kościuszki 37, 30-105 Kraków. Wydanie I, 2009.
Printed in Slovenia by Krater.
Zamówienia: Dział Handlowy, ul. Kościuszki 37, 30-105 Kraków, tel. (012) 61 99 569, www.znak.com.pl